1일 1독해

7세 첫 독해 ② 호기심 글

하루 15분 똑똑한 공부 습관!

1일 1독해

7세 첫 독해
❷ 호기심 글

발행일	2026년 3월 31일
펴낸곳	메가스터디(주)
펴낸이	손은진
개발 책임	김문주
개발	양수진, 최란경, 표민지
글	메가스터디 초등교육 연구소, 이경미
그림	오지혜
디자인	주희연, 신은지
마케팅	김상민
제작	이성재, 장병미
주소	서울시 서초구 효령로 304(서초동) 국제전자센터 24층
대표전화	1661-5431
홈페이지	http://www.megastudybooks.com
출판사 신고 번호	제 2020-000037호
출간제안/원고투고	메가스터디북스 홈페이지 <투고 문의>에 등록

일러두기
· 맞춤법과 띄어쓰기는 국립국어원에서 펴낸 《표준국어대사전》을 기준으로 삼되, 초등학교 교과서의 표기를 참고했습니다.
· 외국의 인명과 지명은 국립국어원에서 펴낸 《외래어 표기법》을 따랐습니다.

메가스터디북스

'메가스터디북스'는 메가스터디㈜의 교육, 학습 전문 출판 브랜드입니다.

초중고 참고서는 물론, 어린이/청소년 교양서, 성인 학습서까지 다양한 도서를 출간하고 있습니다.

· **제품명** 1일 1독해 7세 첫 독해 2 호기심 글
· **제조자명** 메가스터디㈜ · **제조년월** 판권에 별도 표기 · **제조국명** 대한민국 · **사용연령** 3세 이상
· **주소 및 전화번호** 서울시 서초구 효령로 304(서초동) 국제전자센터 24층 / 1661-5431

1일 1독해
7세 첫 독해

〈1일 1독해 7세 첫 독해〉는
재미있는 이야기 글과 궁금증을 풀어 가는 호기심 글을
문장 → 문단 → 책 한 권의 순서로 경험하며,
본격 독해를 시작하기 전 독해 감각을 키우도록 구성했습니다.

❶ 이야기 글, ❷ 호기심 글 두 권 완성으로
독해의 첫걸음을 시작해 보세요!

❶ 이야기 글
옛이야기, 명작, 우화, 동시, 전래 동요 등
다양한 이야기 글을 읽으며 읽기의 즐거움을 느끼고,
독해의 기초를 다질 수 있습니다.

❷ 호기심 글
생활 속 궁금증에 대한 지식 글과 일기, 편지글, 안내문 등
다양한 호기심 글을 읽으며 세상을 알아 가고,
독해 자신감을 기를 수 있습니다.

우리 아이 10년 뒤를 바꾸는 독해력!

독해력은 모든 학습의 기초 체력입니다. 초등 시기에 제대로 읽고 이해하는 독해력을 탄탄하게 다져 놓으면, 중학생, 고등학생이 되어 아무리 어려운 지문과 문제를 접하더라도 그 내용을 잘 이해할 수 있고 차근차근 문제를 풀 수 있습니다. 독해력이 뛰어난 아이일수록 여러 교과의 내용을 쉽게 이해할 수 있고, 자신의 생각을 풍부하고 명확하게 표현할 수 있습니다.

왜 1일 1독해 일까?

<1일 1독해> 시리즈는 주제에 맞는 이야기가 짧은 지문으로 제시되어 부담 없이 매일 한 장씩 풀기 좋습니다. 독해는 어릴 때 습관을 잡아 주는 것이 가장 중요합니다. 메가스터디북스의 <1일 1독해> 시리즈로 몸의 근육을 키우듯 아이의 학습 근육을 키워 주세요.

❶ 아이가 재미있어서 스스로 보는 책

왜 아이들은 1일 1독해를 "재미있다"고 할까요?
눈높이에 맞는 흥미로운 주제의 지문들을 읽는 즐거움이 있기 때문입니다.
지문을 읽고 바로바로 문제를 풀어 확인하는 단순한 학습 패턴에서 아이는 공부의 재미를 느끼게 됩니다.

❷ 매일 완독하니까 성공의 경험이 쌓이는 책

하루 15분! 지문 1쪽, 문제 1쪽의 부담 없는 학습량으로 아이는 매일매일 성공적인 학습을 경험합니다.
매일 느끼는 성취감은 꾸준한 학습 습관으로 이어지고, 완독의 경험이 쌓여 아이의 공부 기초 체력이 됩니다.

❸ 독해 학습과 배경지식 확장이 가능한 책

한국사, 세계사, 사회 등 교과 연계 지문으로 교과 학습을 대비할 수 있고, 과학, 우리나라, 세계 나라, 세계 명작, 고전, 인물까지 꼭 알아야 할 다양하고 폭넓은 주제의 지문으로 배경지식을 확장시킬 수 있습니다.

메가스터디북스 1일 1독해 시리즈

<1일 1독해> 시리즈는 본격 독해 시작 전 독해 감각을 키우는 7세 첫 독해, 다양한 이야기로 독해를 시작하는 주제 독해 시리즈, 교과 연계 중심의 학습 독해 시리즈, 배경지식을 확장하는 심화 독해 시리즈로 구성됩니다.

7세 첫 독해
(유치~예비 초등)

본격 독해 시작 전

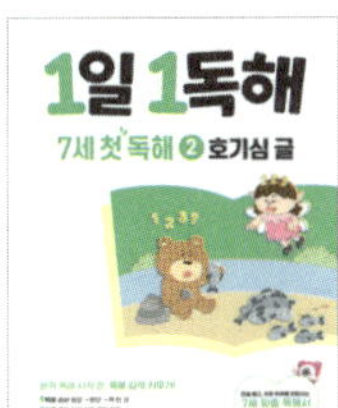

❶ 이야기 글
❷ 호기심 글
전 2권

주제 독해
(예비 초등~ 초등 저학년)

이야기

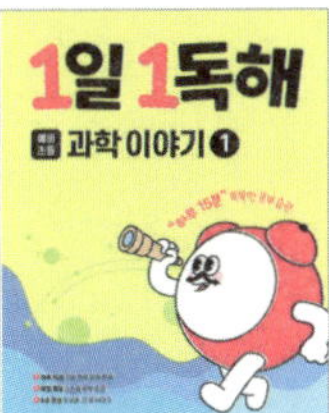

과학 이야기 ❶ ~ ❻
세계 나라 ❶, ❷
세계 명작
마음 이야기
전 10권

우리나라

우리나라 ❶ ~ ❹
전 4권

학습 독해
(초등 전학년)

한국사

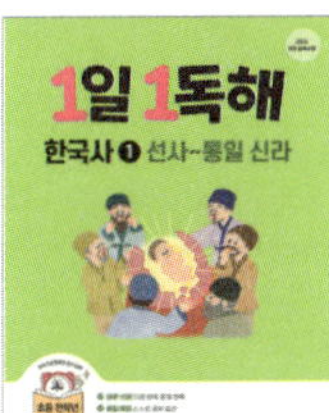

❶ 선사 ~ 통일 신라
❷ 후삼국 ~ 고려
❸ 조선(상)
❹ 조선(하)
❺ 대한 제국 ~ 현대
전 5권

세계사

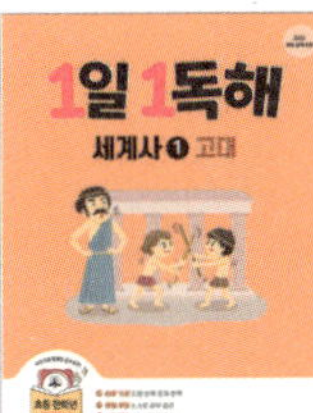

❶ 고대
❷ 중세
❸ 근대(상)
❹ 근대(하)
❺ 현대
전 5권

초등 사회

❶ ~ ❺
전 5권

심화 독해
(초등 중학년 이상)

우리 고전 50

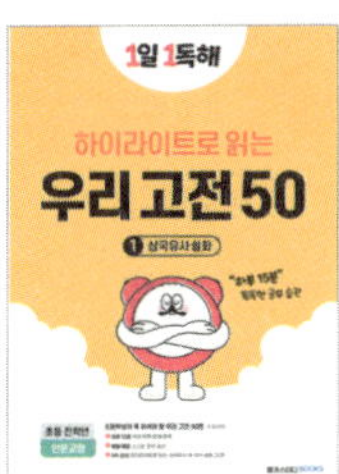

우리 고전 50
❶ 삼국유사 설화
❷ 교과서 고전문학
전 2권

세계 고전 50

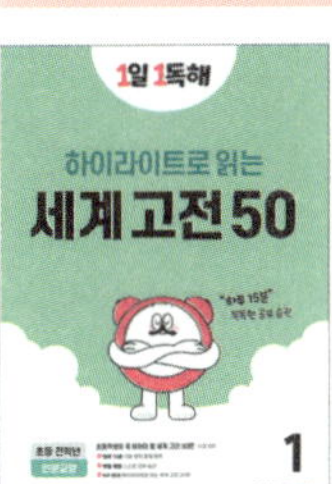

세계 고전 50 ❶, ❷
전 2권

세상을 바꾼 인물 100

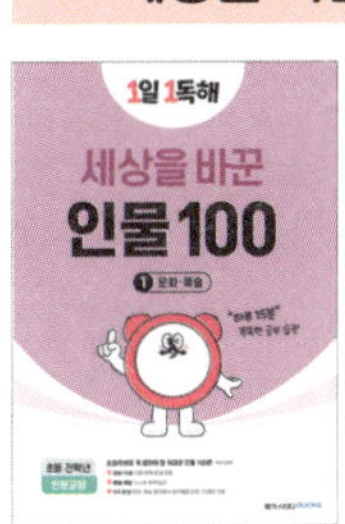

❶ 문화 · 예술
❷ 과학 · 기술
❸ 의료 · 봉사
❹ 경제 · 정치
전 4권

소리 내어 세 번 읽는 연습을 하고 붙임 딱지를 붙입니다.

1단계
문장 읽기 ❶

용암은 어디에서 나올까요?

◦ 소리 내어 읽어 보세요!
? ? ?

펑! 화산이 폭발하면 무슨 일이 생길까?

지문을 접하기 전, 흥미를 높일 수 있는 질문을 던져 글에 몰입하게 합니다.

땅속 / 아주 / 깊은 / 곳에는 / 뜨겁게 / 녹은 / 돌이 / 있어요.
그것을 / 마그마라고 / 해요.
화산이 / 폭발하면* / 마그마는 / 밖으로 / 흘러나와 / 용암이 / 돼요.
용암이 / 식으면 / 돌이나 / 땅이 / 만들어지기도 / 해요.

문장을 알맞게 끊어 읽고 리듬과 억양을 살려 읽으며, 글을 자연스럽고 정확하게 읽는 힘을 기르는 읽기 유창성 활동을 합니다.

* **화산** 땅속의 가스나 마그마 등이 땅 위로 쏟아져 나오는 지점.
* **폭발하다** 불이 일어나며 갑작스럽게 터지다.

어려운 어휘를 쉽게 설명하여 어휘력을 높입니다.

독해 한 걸음 **어절 단위로 끊어 읽기**

띄어쓰기를 할 때 생기는 말의 덩어리를 어절이라고 해요.
한 글자씩 끊어 읽지 않고, 어절 단위로 끊어 읽으면 뜻을 더 쉽게 알 수 있어요.

특특 확인! **붙임 딱지** 를 붙이며 문장을 끊어 읽는 연습을 해 보세요.

[?] / [?] / [?]

● **독해 한 걸음**
지문 속 독해 원리로 글의 짜임과 구조를 이해하며 글에 대한 이해력을 키웁니다.

16

문장	문단	책 한 권
1단계 문장 읽기 ❶ **2단계** 문장 읽기 ❷	**3단계** 다양한 글 읽기 **4단계** 문단 읽기	**5단계** 책 한 권 읽기

문장으로 구성된 지문을 읽고 문제를 풀면서 내용을 잘 이해했는지 확인합니다.

문단으로 확장된 지문을 읽고 문제를 풀면서 내용을 잘 이해했는지 확인합니다.

문장과 문단 읽기로 쌓은 읽기 자신감을 바탕으로, 네 장면으로 이루어진 책 한 권을 읽어 봅니다.

꼼꼼 질문

1 땅속 아주 깊은 곳에는 무엇이 있나요? 알맞은 것에 ◯ 하세요.

| 차갑게 언 돌 | 뜨겁게 녹은 돌 |

일차를 표시해 매일매일 공부 습관을 기르고, 학습한 날짜를 기입하게 함으로써 꾸준한 학습을 유도합니다.

● **꼼꼼 질문과 탐정 질문**
내용을 정확하게 이해했는지 확인하는 꼼꼼 질문 과 읽은 내용을 바탕으로 추론하는 탐정 질문을 제공하여 학습 효과를 더욱 높입니다.

꼼꼼 질문

2 이 글의 내용으로 맞으면 ◯, 틀리면 ✕ 하세요.

화산이 폭발하면 마그마가 흘러나온다. ⬜

용암이 식으면 마그마가 된다. ⬜

탐정 질문

3 용암이 식지 않는다면 어떻게 될까요? 알맞은 것을 고르세요.
（　　　　）

① 돌이나 땅이 만들어질 거예요.

② 계속 흐를 거예요.

지문을 경험으로 확장할 수 있는 질문을 던져 생각을 넓힐 수 있습니다.

너는 화산이 폭발하면 어떻게 할 거야?　17

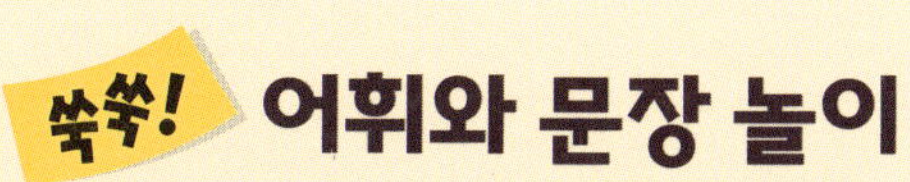

쑥쑥! 어휘와 문장 놀이

다양한 말놀이를 통해 어휘와 문장을
재미있게 다루며 언어 감각을 기릅니다.

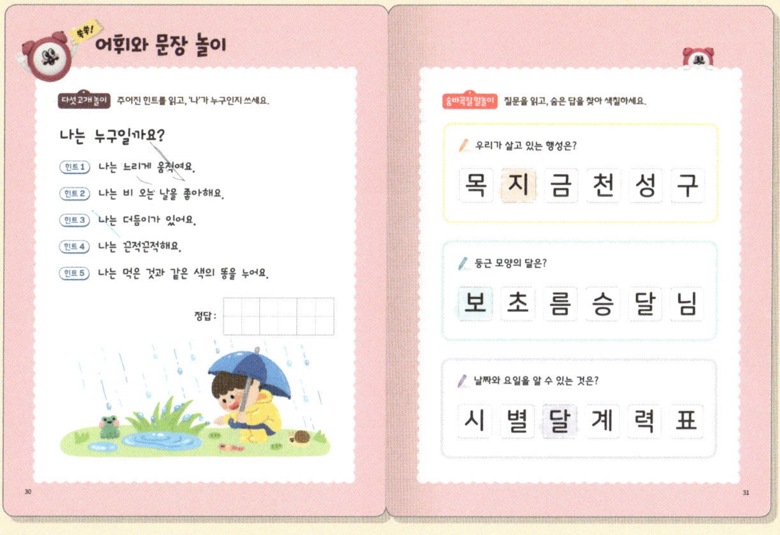

차 례

1단계 · 문장 읽기 ❶

1일차	티라노사우루스는 무엇을 먹었을까요?	무엇은 무엇이다	8
2일차	잠수함은 어떤 모양일까요?	무엇이 어떠하다	10
3일차	비버는 어떻게 집을 지을까요?	어떻게 어찌하다	12
4일차	불은 어떻게 끌까요?	무엇 때문이다	14
5일차	용암은 어디에서 나올까요?	어절 단위로 끊어 읽기	16
쑥쑥!	어휘와 문장 놀이		18

2단계 · 문장 읽기 ❷

6일차	세균은 모두 나쁠까요?	글의 제목	20
7일차	동물들은 어떻게 자신을 지킬까요?	중심 문장	22
8일차	미라는 어떻게 만들었을까요?	순서를 나타내는 말	24
9일차	참치를 왜 지켜야 할까요?	원인과 결과	26
10일차	해녀는 무슨 일을 할까요?	의미 단위로 끊어 읽기	28
쑥쑥!	어휘와 문장 놀이		30

3단계 · 다양한 글 읽기

11일차	영화관에 간 날	글의 종류: 일기	32
12일차	바다에서 보낸 주말	글의 종류: 편지글	34
13일차	이것만은 꼭 지켜 주세요!	글의 종류: 안내문	36
14일차	그림책 전시회가 열려요	글의 종류: 게시문	38
15일차	하트 초콜릿 만들기	문장 단위로 끊어 읽기	40
쑥쑥!	어휘와 문장 놀이		42

4단계
문단 읽기

16일차　악기는 어떻게 소리를 낼까요?　기준과 분류　• 44
17일차　우산과 비옷은 어떻게 만들었을까요?　예를 들어 설명하기　• 46
18일차　마을의 수호신은 어떤 모습일까요?　같은 점과 다른 점　• 48
19일차　개미의 생김새와 하는 일은 어떨까요?　여러 가지로 살펴보기　• 50
20일차　물에 어떻게 뜰까요?　뜻을 살려 끊어 읽기　• 52
쑥쑥!　어휘와 문장 놀이　• 54

5단계
책 한 권 읽기

21일차　숫자의 비밀　• 56
22일차　우리 함께 그릴까?　• 60
23일차　천 원 저금통　• 64
24일차　붉은 벽돌 담장 안의 역사　• 68
25일차　침팬지의 친구, 제인 구달　• 72
쑥쑥!　어휘와 문장 놀이　• 76

1일 1독해
7세 첫 독해 ② 호기심 글

티라노사우루스는 무엇을 먹었을까요?

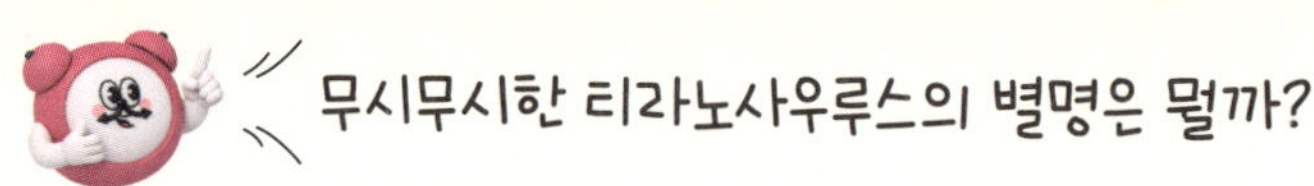

티라노사우루스는 고기를 먹는 무서운 육식 공룡이에요.

'공룡의 왕'이라는 별명을 가지고 있지요.

티라노사우루스는 뾰족한 이빨과 강한 턱으로 사냥*했어요.

풀과 나뭇잎, 열매*를 먹고 살던 초식 공룡들을 주로 잡아먹었어요.

* **사냥** 힘센 짐승이 약한 짐승을 먹이로 잡는 일.
* **열매** 나무 등을 가꾸어 얻는 사과, 배, 포도, 귤, 감 같은 것.

독해 한걸음 **무엇은 무엇이다**

'무엇은 무엇이다'는 무엇이 어떤 것인지 알려 주는 말이에요.
이 글의 첫 문장을 통해 티라노사우루스가 어떤 공룡인지 알 수 있어요.

다음 중 '무엇이다'를 나타내는 말에 밑줄을 그으세요.

공룡은   아주 오래전에 지구에 살던 동물이다.

 꼼꼼 질문

1   티라노사우루스는 무엇을 먹고 살았나요? 알맞은 것에 색칠하세요.

   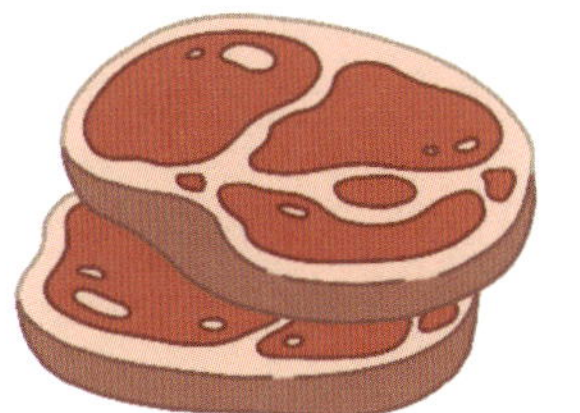

풀, 나뭇잎, 열매	고기

 꼼꼼 질문

2   티라노사우루스는 무엇을 가지고 사냥했나요? 알맞은 것에 ◯ 하세요.

   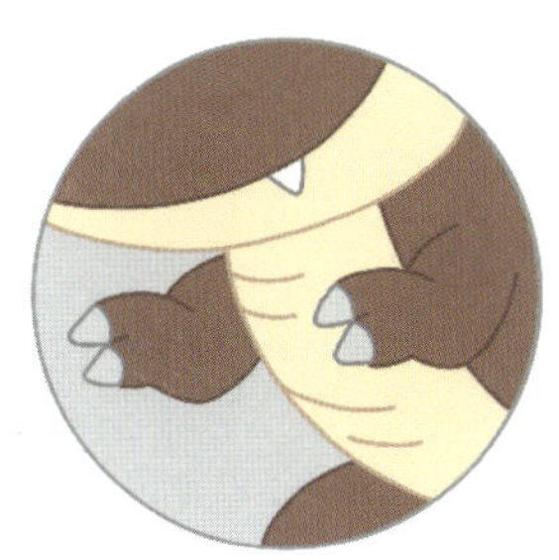

이빨과 턱	앞다리의 발톱

 탐정 질문

3   티라노사우루스는 왜 '공룡의 왕'이라는 별명을 가지게 되었을까요? 알맞은 것을 고르세요.   (   )

① 힘이 세고 다른 공룡들을 잡아먹는 무서운 공룡이기 때문에

② 다른 공룡들을 해치지 않는 착한 공룡이기 때문에

잠수함은 어떤 모양일까요?

깊은 바닷속을 탐험하려면* 잠수함을 타야 해요.

잠수함은 물고기처럼 길고 둥근 모양이에요.

뒤쪽에는 빙글빙글 도는 프로펠러*가 달려 있어요.

잠수함은 바닷물을 밀어내며 앞으로 힘차게 나아가요.

* **탐험하다** 위험을 무릅쓰고 어떤 곳을 찾아가서 살펴보고 조사하다.
* **프로펠러** 돌면서 앞으로 나아가게 하는 날개 장치.

독해 한걸음 **무엇이 어떠하다**

'무엇이 어떠하다'는 무엇의 모양이나 상태가 어떠한지 알려 주는 말이에요.
이 글에서는 잠수함이 길고 둥글게 생겼다는 것을 알 수 있어요.

다음 중 '어떠하다'를 나타내는 말에 밑줄을 그으세요.

바닷속은   어둡고 신비로워요.

1

바닷속을 탐험하려면 무엇을 타야 하나요? 알맞은 것을 찾아 선으로 이으세요.

잠수함

돛단배

2

잠수함은 어떤 모양을 닮았나요? 알맞은 것에 붙임 딱지 를 붙이세요.

물고기처럼 길고 둥근 모양

게의 집게발처럼 뾰족한 모양

3

잠수함에 프로펠러가 없다면 어떻게 될까요? 알맞은 것을 고르세요.

(　　　)

① 잠수함이 더 빨리 나아갈 수 있을 거예요.

② 잠수함이 앞으로 나아가지 못할 거예요.

비버는 어떻게 집을 지을까요?

집 짓기의 달인, 비버의 집은 어떻게 생겼을까?

비버는 단단한 이빨로 나무를 갉아* 강으로 옮겨요.

그런 다음 나뭇가지를 촘촘히 엮고* 진흙으로 메워* 집을 지어요.

비버의 집은 언덕처럼 높게 쌓여 물 위로 솟아 보여요.

입구는 물 아래에 있어 다른 동물들이 쉽게 들어올 수 없지요.

* **갉다** 날카롭고 뾰족한 끝으로 박박 문지르다.
* **엮다** 나뭇가지 등을 이리저리 어긋나게 매어 어떤 물건을 만들다.
* **메우다** 뚫려 있거나 비어 있는 곳을 막거나 채우다.

독해 한 걸음 **어떻게 어찌하다**

'어떻게 어찌하다'는 어떤 일을 하는 방법을 알려 주는 말이에요.

이 글에서는 비버가 나뭇가지와 진흙을 이용해서 집을 짓는다는 것을 알 수 있어요.

콕콕 확인! **다음 중 '어찌하다'를 나타내는 말에 밑줄을 그으세요.**

비버는 나무를 갉아서   자라는 앞니를 닳게 해요.

1

비버는 어디에 집을 짓나요? 알맞은 글자를 따라 쓰세요.

비버는 　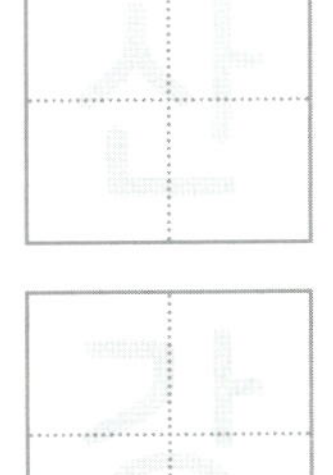　에 집을 지어요.

2

비버는 무엇으로 집을 짓나요? 알맞은 것에 ○ 하세요.

나뭇잎과 모래

나뭇가지와 진흙

3

비버가 집의 입구를 물 위에 만들었다면 어땠을까요? 알맞은 것을 고르세요.　　　　　　　　　　（　　　　　）

① 다른 동물들이 쉽게 들어와 비버가 위험해질 거예요.

② 햇빛이 잘 들어와서 비버가 낮잠 자기에 좋을 거예요.

네가 집을 짓는다면 어떤 집을 짓고 싶니?　　13

불은 어떻게 끌까요?

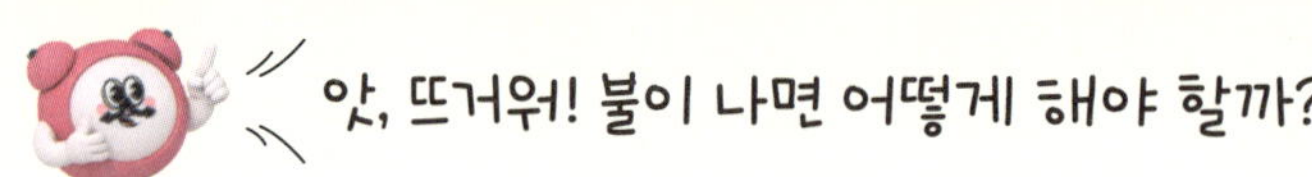

큰불이 나면 소방관은 긴 호스로 물을 뿌려요.

물이 불을 차갑게 식혀 주기 때문에 불이 꺼져요.

작은 불이 났을 때는 소화기를 사용해요.

소화기 속 가루가 불을 덮으면 불이 꺼져요.

＊ **호스** 속이 비어 있는 관.
＊ **소화기** 불을 끄는 기구.

독해한걸음 **무엇 때문이다**

'무엇 때문이다'는 어떤 일이 왜 일어나는지 그 이유를 설명해 주는 말이에요.
이 글에서는 호스로 물을 뿌렸을 때 불이 꺼지는 이유를 알 수 있어요.

 **다음 중 '이유'를 나타내는 말에 밑줄을 그으세요.**

불은 갑자기 날 수 있기 때문에   집에 소화기를 두어야 해요.

꼼꼼 질문

1

호스에서는 무엇이 나오나요? 알맞은 것에 붙임 딱지 를 붙이세요.

물이 나와요.

기름이 나와요.

꼼꼼 질문

2

불이 나면 어떻게 불을 끄나요? 알맞은 것을 찾아 선으로 이으세요.

큰불 •

• 호스로 물을 뿌려요.

작은 불 •

• 소화기를 사용해요.

탐정 질문

3

산에 불이 나면 어떻게 불을 꺼야 할까요? 알맞은 것을 고르세요.

(   )

① 낙엽으로 불을 덮어요.

② 호스나 소방 헬기로 물을 뿌려요.

용암은 어디에서 나올까요?

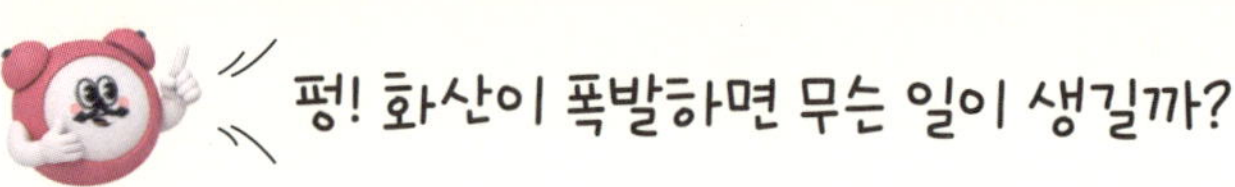

펑! 화산이 폭발하면 무슨 일이 생길까?

땅속 / 아주 / 깊은 / 곳에는 / 뜨겁게 / 녹은 / 돌이 / 있어요.

그것을 / 마그마라고 / 해요.

화산*이 / 폭발하면* / 마그마는 / 밖으로 / 흘러나와 / 용암이 / 돼요.

용암이 / 식으면 / 돌이나 / 땅이 / 만들어지기도 / 해요.

* **화산** 땅속의 가스나 마그마 등이 땅 위로 쏟아져 나오는 지점.
* **폭발하다** 불이 일어나며 갑작스럽게 터지다.

독해 한걸음 : 어절 단위로 끊어 읽기

띄어쓰기를 할 때 생기는 말의 덩어리를 어절이라고 해요.

한 글자씩 끊어 읽지 않고, 어절 단위로 끊어 읽으면 뜻을 더 쉽게 알 수 있어요.

콕콕 확인! **붙임 딱지** 를 붙이며 문장을 끊어 읽는 연습을 해 보세요.

?	/	?	/	?

1

땅속 아주 깊은 곳에는 무엇이 있나요? 알맞은 것에 ⭕ 하세요.

차갑게 언 돌

뜨겁게 녹은 돌

2

이 글의 내용으로 맞으면 ⭕, 틀리면 ✖ 하세요.

화산이 폭발하면 마그마가 흘러나온다. ⋯⋯⋯⋯⋯⋯⋯⋯⋯⋯⋯⋯⋯⋯ ☐

용암이 식으면 마그마가 된다. ⋯⋯⋯⋯⋯⋯⋯⋯⋯⋯⋯⋯⋯⋯⋯⋯⋯⋯ ☐

3

용암이 식지 않는다면 어떻게 될까요? 알맞은 것을 고르세요.

(　　　　　)

① 돌이나 땅이 만들어질 거예요.

② 계속 흐를 거예요.

어휘와 문장 놀이

다섯 고개 놀이 주어진 힌트를 읽고, '나'가 누구인지 쓰세요.

나는 누구일까요?

힌트 1 나는 낮에는 잘 보이지 않아요.

힌트 2 나는 아주 먼 곳에 있어요.

힌트 3 나는 수없이 많아요.

힌트 4 나는 길을 찾을 때 도움을 주기도 해요.

힌트 5 나는 밤하늘에서 반짝여요.

정답 :

 질문을 읽고, 숨은 답을 찾아 색칠하세요.

✏️ 물이 얼면 생기는 것은?

| 눈 | 송 | 얼 | 이 | 음 | 골 |

✏️ 산이나 동굴에서 소리가 부딪혀 다시 들리는 것은?

| 메 | 소 | 아 | 음 | 리 | 악 |

✏️ 땅이 흔들리는 자연재해는?

| 홍 | 폭 | 지 | 수 | 진 | 풍 |

세균은 모두 나쁠까요?

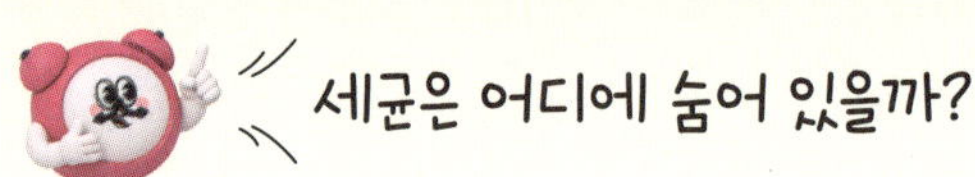

세균*은 어디에나 있지만 너무 작아서 우리 눈에 보이지 않아요.

세균이 우리 몸에 들어오면 병에 걸릴 수도 있어요.

손을 깨끗이 씻으면 대부분의 세균을 없앨 수 있지요.

하지만 모든 세균이 나쁜 것은 아니에요.

우리에게 도움을 주는 착한 세균도 있어요.

* **세균** 우리 눈에 보이지 않을 만큼 아주 작은 생물.

독해 한걸음 글의 제목

제목은 글에서 어떤 이야기를 할지 미리 알려 주는 말이에요.

이 글의 제목을 보면 세균이 다 나쁜 것인지에 대한 글이라는 것을 알 수 있어요.

콕콕 확인! 다음 중 세균에 대한 글의 '제목'으로 알맞은 것에 〇 하세요.

우리 몸속 세균 이야기 ………………………………………………… (   )

향기 나는 비누의 비밀 ………………………………………………… (   )

1 대부분의 세균은 어떻게 없앨 수 있나요? 알맞은 것에 　붙임 딱지　를 붙이세요.

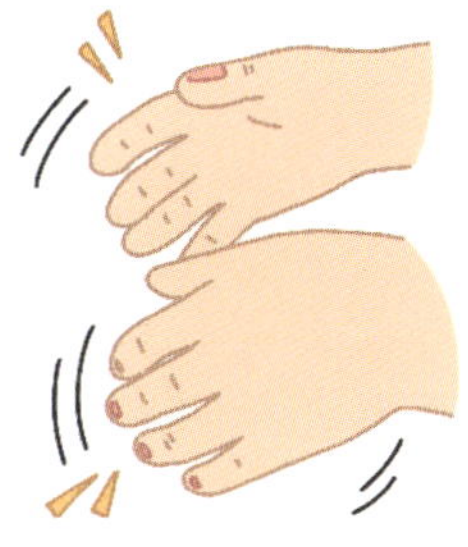

손을 세게 털어서 없애요.

손을 깨끗이 씻어서 없애요.

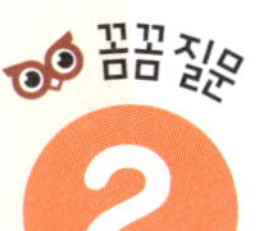

2 이 글의 내용으로 맞으면 ◯, 틀리면 ✕ 하세요.

우리는 세균을 눈으로 볼 수 없어요. ⋯⋯⋯⋯⋯⋯⋯⋯⋯⋯ ☐

모든 세균은 몸속에 들어오면 병을 일으켜요. ⋯⋯⋯⋯⋯ ☐

3 세균을 보려면 어떤 도구를 써야 할까요? 알맞은 것을 고르세요.

(　　　　)

① 작은 것을 크게 보여 주는 현미경

② 멀리 있는 것을 가깝게 보여 주는 망원경

동물들은 어떻게 자신을 지킬까요?

앗, 무서운 적이 나타났어! 동물들은 어떻게 위험에서 벗어날까?

동물들이 자신을 지키는 방법에는 여러 가지가 있어요.

벌은 벌침을 쏘아 적이 가까이 오지 못하게 해요.

고슴도치는 날카로운 가시를 세워 적이 물지 못하게 해요.

스컹크는 지독한* 냄새를 풍겨 적을 도망가게 만들어요.

문어는 먹물*을 뿜어 적이 앞을 볼 수 없게 만들고 도망가요.

* **지독하다** 맛이나 냄새 등이 해롭거나 참기 어려울 정도로 심하다.
* **먹물** 먹빛같이 검은 물.

독해 한 걸음 **중심 문장**

중심 문장은 글에서 가장 중요한 생각을 나타내는 문장이에요.
중심 문장 뒤에 나오는 뒷받침 문장은 중심 문장을 더 자세히 설명해 줘요.

콕콕 확인! **다음 중 '중심 문장'으로 알맞은 것에 ◯ 하세요.**

어떤 동물은 자신을 지키기 위해 독을 사용해요. ·················· (　　　)

전갈은 꼬리에 독이 있어요. ·················· (　　　)

1

동물들은 어떤 방법으로 자신을 지키나요? 알맞은 것을 찾아 선으로 이으세요.

| 벌 | • | • | 날카로운 가시를 세워요. |
| 고슴도치 | • | • | 뾰족한 침을 쏘아요. |

2

문어는 먹물을 뿜은 뒤에 어떻게 하나요? 알맞은 것에 색칠하세요.

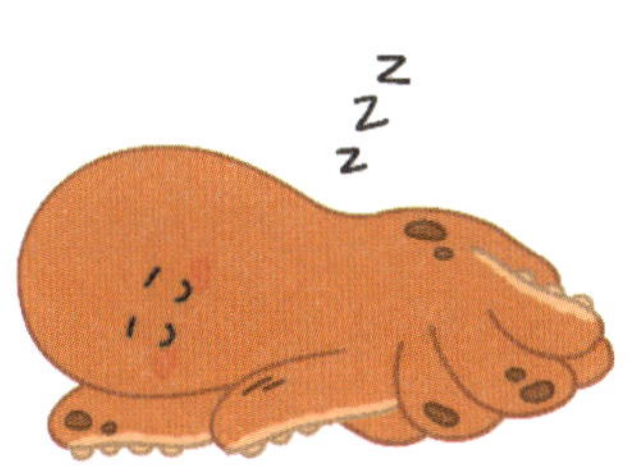

도망가요.

잠을 자요.

3

동물들에게 자신을 지키는 방법이 없다면 어떨까요? 알맞은 것을 고르세요.   (   )

① 적으로부터 더 빠르게 도망칠 거예요.

② 적에게 더 쉽게 잡아먹힐 거예요.

네가 동물이라면 위험할 때 어떻게 자신을 지키고 싶니?

미라는 어떻게 만들었을까요?

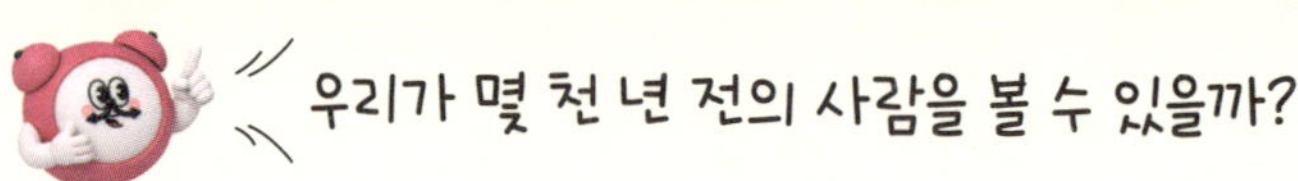

옛날 이집트 사람들은 죽은 뒤 또 다른 세상이 있다고 믿었어요.

그래서 죽은 사람의 몸을 오래 남기려고 미라*를 만들었어요.

먼저 소금으로 몸에 있는 물기를 없앴어요.

그다음 몸에 기름을 발라 보호막*을 만들었어요.

마지막으로 천으로 감싸 벌레와 곰팡이를 막았어요.

덕분에 우리는 지금도 박물관*에서 아주 오래된 미라를 볼 수 있어요.

* **미라** 썩지 않고 건조되어 원래 상태에 가까운
  모습으로 남아 있는 인간이나 동물의 죽은 몸.
* **보호막** 사물을 보호하기 위해 그 바깥쪽을
  덮고 있는 막.
* **박물관** 옛 물건이나 중요한 것을 모아
  보관하고 전시해 둔 곳.

독해 한걸음 **순서를 나타내는 말**

'먼저', '그다음', '마지막으로'는 일이 일어나는 순서를 알려 주는 말이에요.

이 말을 통해 미라를 어떤 과정으로 만드는지 알 수 있어요.

다음 중 '순서를 나타내는 말'에 밑줄을 그으세요.

박물관에 도착해 표를 끊었어요. 그다음 전시실로 들어갔어요.

1 옛날 이집트 사람들은 죽은 사람의 몸을 무엇으로 만들어 오래 남겼나요? 알맞은 것에 색칠하세요.

무덤

미라

2 미라를 만들 때 무엇으로 벌레와 곰팡이를 막았나요? 알맞은 것에 붙임 딱지 를 붙이세요.

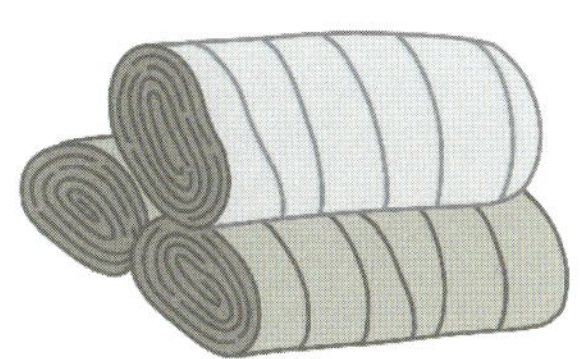

기름을 발라서 막았어요.

천으로 감싸서 막았어요.

3 죽은 사람을 미라로 만들지 않았다면 어떻게 되었을까요? 알맞은 것을 고르세요.　　　　　　　(　　　)

① 몸이 썩어서 없어졌을 거예요.

② 몸이 오랫동안 그대로 남았을 거예요.

박물관에서 미라를 보면 어떤 기분이 들 것 같아?

25

참치를 왜 지켜야 할까요?

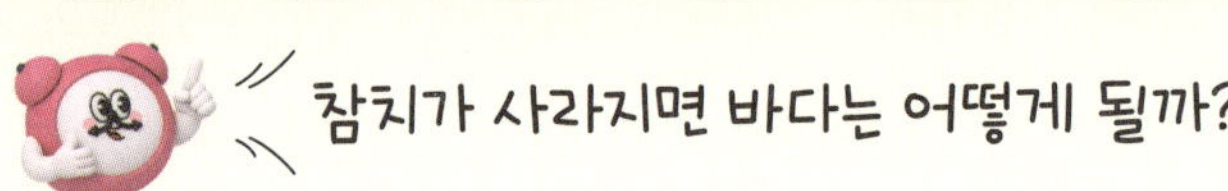

참치가 사라지면 바다는 어떻게 될까?

사람들이 참치를 많이 잡으면 참치가 완전히 사라질 수 있어요.

참치는 작은 물고기를 잡아먹어요.

그래서 참치가 없어지면 작은 물고기가 많아져요.

작은 물고기가 바닷속 먹이를 다 먹어 버리면 다른 바다 생물들도

살기 어려워져요.

그래서 사람들은 5월 2일을 '세계 참치의 날'로 정해, 참치를 보호하고

바다를 지키기로 했어요.

* **생물** 스스로 활동하며 살아가는 물체.

독해 한걸음　원인과 결과

'그래서'는 앞에 일어난 일과 뒤에 생긴 일을 이어 주는 말이에요.
앞에 있는 일은 원인이고, 뒤에 있는 일은 그로 인해 생긴 결과예요.

콕콕 확인! **다음 중 '결과'로 알맞은 것에 ◯ 하세요.**

자연을 지키려고 노력하는 사람들이 있어요. ⋯⋯⋯⋯⋯⋯ (　　)

그래서 여러 동물과 식물들이 안전하게 살 수 있어요. ⋯⋯⋯⋯ (　　)

1 참치는 무엇을 잡아먹나요? 알맞을 것에 색칠하세요.

조개와 게

작은 물고기

2 사람들은 세계 참치의 날을 언제로 정했나요? 알맞은 것을 찾아 선으로 이으세요.

2월 5일

5월 2일

3 세계 참치의 날에 사람들은 어떤 일을 할까요? 알맞은 것을 고르세요.

(　　　　　)

① 모두 함께 참치 요리를 만들어 먹어요.

② 참치를 보호해야 하는 이유를 널리 알려요.

너는 어떤 특별한 날을 만들고 싶니?

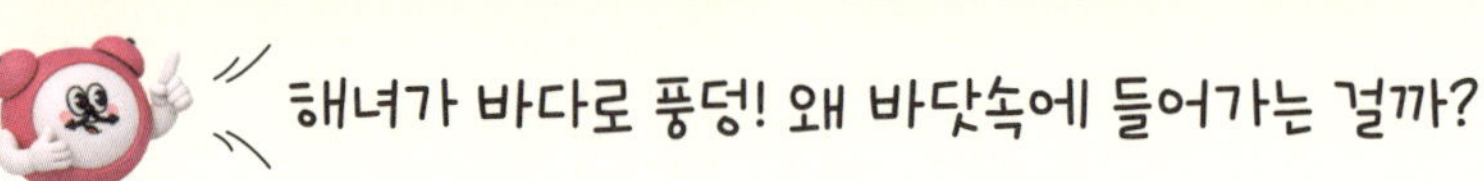

해녀는 무슨 일을 할까요?

해녀가 바다로 풍덩! 왜 바닷속에 들어가는 걸까?

제주도에서는 / 바닷속에서 보물을 찾는 / 해녀를 볼 수 있어요.

해녀는 / 잠수복을 입고 / 물안경을 쓰고 / 오리발*을 신고 / 바다로 들어가요.

숨을 깊게 들이마신 뒤, / 바닷속에서 조심스럽게 보물을 / 그물망에 넣어요.

이 보물은 바로 / 전복, 소라, 해삼, 미역 같은 / 바닷속 생물이에요.

해녀는 / 꼭 필요한 만큼만 / 물질*을 해서 / 바다를 해치지 않아요.

* **오리발** 사람이 물속에서 활동할 때에 발에 끼는, 오리의 발처럼 생긴 물건.
* **물질** 주로 해녀들이 바닷속에 들어가서 해산물을 따는 일.

독해 한걸음 | ## 의미 단위로 끊어 읽기

의미가 이어지는 말들을 묶어 읽으면 내용을 더 쉽게 이해할 수 있어요.
'/' 표시가 나오면 잠깐 멈추었다가 자연스럽게 이어 읽어요.

콕콕 확인! **붙임 딱지**를 붙이며 문장을 끊어 읽는 연습을 해 보세요.

| ? | / | ? | / | ? |

꼼꼼 질문

1

바닷속에서 보물을 찾는 사람은 누구인가요? 알맞은 글자를 따라 쓰세요.

제주도의 | 해 | 녀 |
| 어 | 부 | 예요.

꼼꼼 질문

2

해녀가 바다로 들어갈 때 무엇이 필요한가요? 알맞은 것에 ○ 하세요.

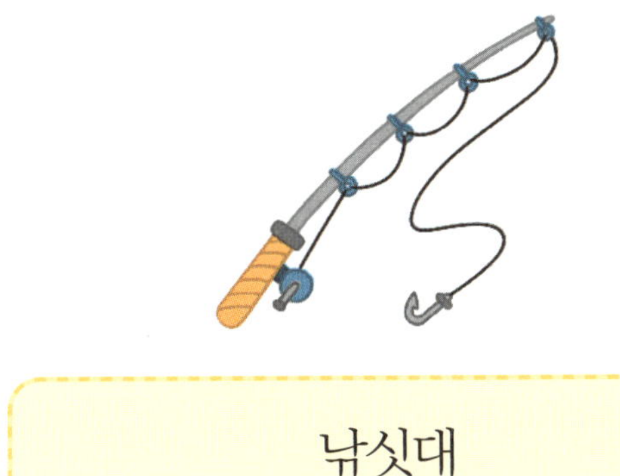

| 낚싯대 | 오리발 |

탐정 질문

3

해녀는 왜 꼭 필요한 만큼만 물질을 할까요? 알맞은 것을 고르세요.

(   )

① 그물망이 무거우면 가라앉을 수 있어서

② 바닷속 생물들을 지키기 위해서

네가 해녀라면 바닷속에서 어떤 보물을 찾고 싶니?

어휘와 문장 놀이

다섯 고개 놀이 주어진 힌트를 읽고, '나'가 누구인지 쓰세요.

나는 누구일까요?

힌트 1 나는 느리게 움직여요.

힌트 2 나는 비 오는 날을 좋아해요.

힌트 3 나는 더듬이가 있어요.

힌트 4 나는 끈적끈적해요.

힌트 5 나는 먹은 것과 같은 색의 똥을 누어요.

정답 :

 질문을 읽고, 숨은 답을 찾아 색칠하세요.

✏️ 우리가 살고 있는 행성은?

목	지	금	천	성	구

✏️ 둥근 모양의 달은?

보	초	름	승	달	님

✏️ 날짜와 요일을 알 수 있는 것은?

시	별	달	계	력	표

영화관에 간 날

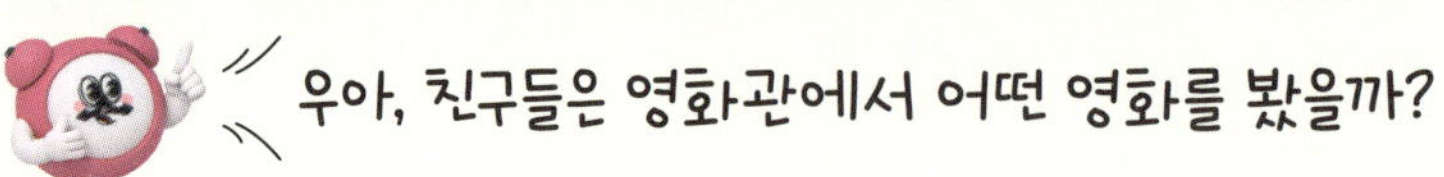

5월 4일 △요일

날씨: 맑음

오늘 나는 이슬반 친구들과 영화관에 갔다.

우리는 '청소 로봇 뚜두'라는 만화 영화를 봤다.

쓰레기가 괴물로 변신했는데, 뚜두가 별빛 광선[*]으로 물리쳤다.

그 모습이 정말 멋졌다.

버스를 타고 돌아오는 길에도

뚜두의 모습이 자꾸 떠올랐다.

다음에 또 영화관에 가고 싶다!

* **광선** 빛의 줄기.

독해 한걸음 **글의 종류: 일기**

일기는 날마다 그날그날 겪은 일이나 생각 등을 적는 글이에요.
오늘 날짜와 날씨, 가장 기억에 남는 일, 그때의 느낌 등을 쓸 수 있어요.

콕콕 확인! **다음 중 '일기'에 쓰는 내용으로 알맞은 것에 ○ 하세요.**

오늘 친구와 놀았던 일 ·· (   )

내일 날씨 ·· (   )

1 청소 로봇 뚜두는 쓰레기 괴물을 무엇으로 물리쳤나요? 알맞은 것에 ◯ 하세요.

별빛 광선	청소기

2 나는 돌아오는 길에 무엇을 탔나요? 알맞은 것을 찾아 선으로 이으세요.

- 지하철
- 버스

3 나는 왜 영화관에 또 가고 싶다고 했을까요? 알맞은 것을 고르세요.

(   )

① 영화관에서 만화 영화를 재미있게 보았기 때문에

② 영화관에서 만화 영화를 제대로 보지 못했기 때문에

너는 오늘 일기에 어떤 일을 쓰고 싶니?

바다에서 보낸 주말

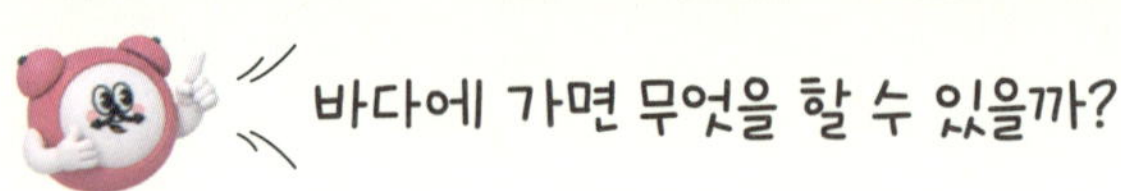

내 친구 정찬이에게

정찬아, 안녕? 방학 잘 보내고 있니?

나는 지난 주말*에 가족과 함께 바다에 다녀왔어.

바다에 들어가 물놀이도 하고, 모래성도 쌓으며 즐거운 시간을 보냈어.

푸른 바다 앞에서 사진도 많이 찍었지.

너에게 주려고 예쁜 조개껍데기도 가져왔어.

다음에 우리 꼭 같이 가자!

단우가

* **주말** 토요일부터 일요일까지를 이르는 말.

독해한걸음 **글의 종류: 편지글**

편지글은 서로의 소식이나 전하고 싶은 말을 적어 보낸 글이에요.
편지글의 맨 앞에는 누구에게 보내는지 쓰고, 맨 끝에는 누가 보냈는지 써요.

콕콕 확인! **다음 중 '편지글'의 맨 앞에 오는 말로 알맞은 것에 ◯ 하세요.**

바다 이야기를 들려준 단우에게 ·· (   )

네 친구 정찬이가 ··· (   )

1 단우는 누구와 함께 바다에 다녀왔나요? 알맞은 글자를 따라 쓰세요.

과 함께 다녀왔어요.

2 단우는 정찬이에게 주려고 무엇을 가져왔나요? 알맞은 것에 색칠하세요.

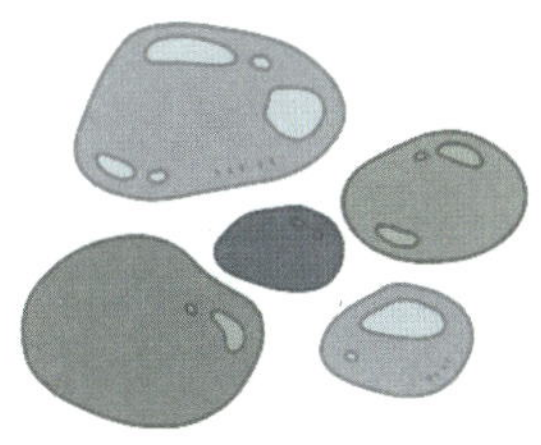

알록달록한 조약돌

예쁜 조개껍데기

3 단우는 왜 정찬이에게 같이 바다에 가자고 했을까요? 알맞은 것을 고르세요.　　　　　(　　　　)

① 함께 즐거운 시간을 보내고 싶어서

② 누가 수영을 더 잘하는지 겨루고 싶어서

너는 바다에 가서 어떤 놀이를 하고 싶니?

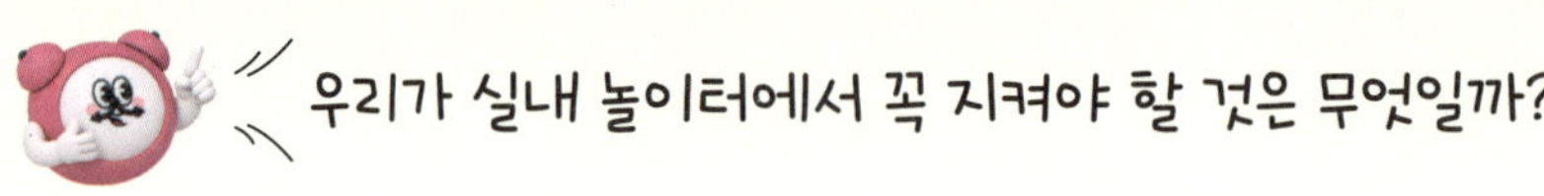

이것만은 꼭 지켜 주세요!

우리가 실내 놀이터에서 꼭 지켜야 할 것은 무엇일까?

안전하고 즐거운 실내 놀이터가 될 수 있도록 **다음의 규칙을 지켜 주세요.**

1. 열이 나거나 아플 때는 입장*하지 마세요.

2. 겉옷과 신발은 보관함에 넣으세요.

3. 미끄럼 방지* 양말을 신고 들어오세요.

4. 친구에게 공이나 물건을 던지지 마세요.

5. 놀잇감은 정해진 곳에서만 가지고 노세요.

6. 음식물은 가지고 들어오지 마세요.

* **입장** 어떤 곳으로 들어가는 일.
* **방지** 어떤 일이 생기지 않도록 미리 막음.

독해 한걸음 **글의 종류: 안내문**

안내문은 지켜야 할 규칙이나 주의할 점을 알려 주는 글이에요.
이 글에서는 실내 놀이터에서 지켜야 할 규칙을 부드럽게 전하고 있어요.

콕콕 확인! **다음 중 '안내문'에 나올 수 있는 말로 알맞은 것에 ◯ 하세요.**

내일 소풍을 가기로 해서 기분이 좋아요. ·· (　　　)

미끄럼틀을 탈 때에는 차례대로 줄을 서요. ·· (　　　)

꼼꼼 질문

1 실내 놀이터에서 열이 나고 아플 때는 어떻게 해야 하나요? 알맞은 것에 `붙임 딱지` 를 붙이세요.

입장하지 말아요.

마스크를 쓰고 놀아요.

꼼꼼 질문

2 이 글의 내용으로 맞으면 ◯, 틀리면 ✕ 하세요.

실내 놀이터에는 양말을 벗고 들어와야 해요. ┄┄┄┄┄ ☐

실내 놀이터에는 간식을 가지고 들어와도 돼요. ┄┄┄┄┄ ☐

탐정 질문

3 이 안내문은 왜 썼을까요? 알맞은 것을 고르세요.   (   )

① 실내 놀이터를 더 재미있게 소개하기 위해서

② 실내 놀이터에서 안전하게 놀도록 하기 위해서

실내 놀이터 규칙으로 더 있었으면 하는 건 뭐가 있니?

그림책 전시회가 열려요

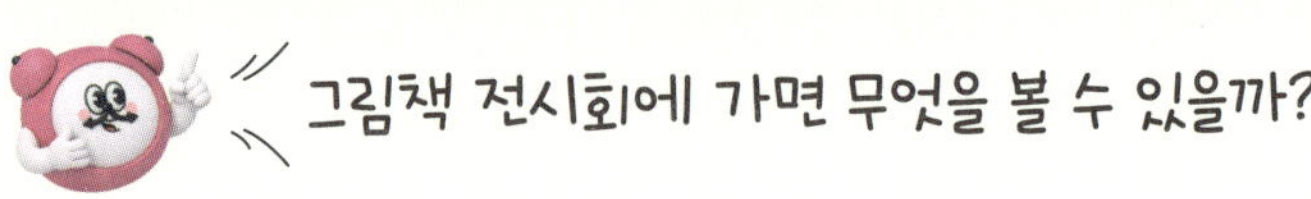

그림책 전시회에 가면 무엇을 볼 수 있을까?

장소: 메가어린이도서관 1층 전시실

기간: 9월 12일 ~ 9월 26일

시간: 오전 10시 ~ 오후 5시

입장료: 1,000원

이번 가을, 책 속으로 여행을 떠나 볼까요?

그림책 속 그림을 감상하고,* 좋아하는 주인공을 열쇠고리로 만들어 보세요!

* **감상하다** 주로 예술 작품을 이해하여 즐기고 평가하다.

독해한걸음 **글의 종류: 게시문**

게시문은 여러 사람들에게 두루 알리기 위해 붙이는 글이에요.
사람들이 알아야 하는 정보를 짧고 분명하게 전달하는 것이 중요해요.

 **다음 중 '게시문'에 나올 수 있는 말로 알맞은 것에 ◯ 하세요.**

7살까지는 무료입니다. ⋯⋯⋯⋯⋯⋯⋯⋯⋯⋯⋯⋯⋯⋯⋯ ( )

나는 7살입니다. ⋯⋯⋯⋯⋯⋯⋯⋯⋯⋯⋯⋯⋯⋯⋯⋯⋯⋯⋯ ( )

1 그림책 전시회에 대해 무엇을 알 수 있나요? 알맞은 것을 찾아 선으로 이으세요.

| 장소 | • | • | 메가어린이도서관 1층 전시실 |
| 시간 | • | • | 오전 10시 ~ 오후 5시 |

2 그림책 전시회에서 무엇을 할 수 있나요? 알맞은 것에  를 붙이세요.

나만의 그림책 만들기

그림책 주인공 열쇠고리 만들기

3 이 전시회에는 누가 가면 좋을까요? 알맞은 것을 고르세요.

(   )

① 그림책 읽기를 좋아하는 유하

② 글씨를 예쁘게 쓰는 민준

너는 어떤 그림책을 재미있게 읽었니?

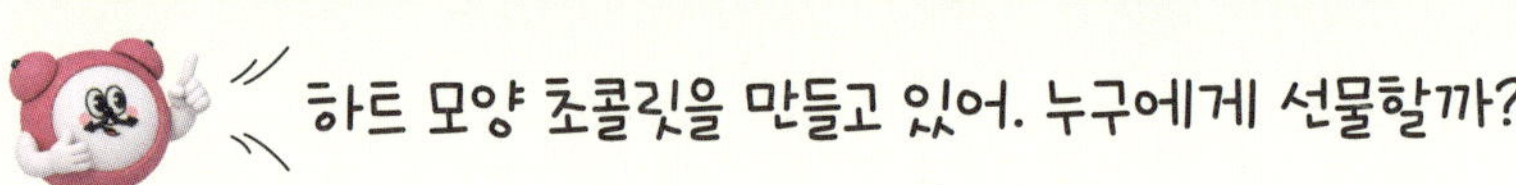

하트 초콜릿 만들기

3단계
다양한 글 읽기

하트 모양 초콜릿을 만들고 있어. 누구에게 선물할까?

[준비물] 초콜릿 가루, 우유, 그릇, 하트 모양 틀*, 숟가락 /

[만드는 순서]

1. 초콜릿 가루와 우유를 그릇에 넣고 잘 섞어요. /

2. 섞은 것을 하트 모양 틀에 부어요. /

3. 냉동실에서 단단해질 때까지 얼려요. /

4. 틀에서 꺼내면 맛있는 하트 초콜릿이 완성돼요. /

[주의할 점] 냉동실에 넣거나 꺼낼 때에는
어른과 함께해요. /

＊ **틀** 원하는 모양의 물건을 그대로 만들 수 있게
돕는 물건.

독해 한걸음　문장 단위로 끊어 읽기

하트 초콜릿 만드는 방법을 순서대로 묶어 읽어 보세요.
문장이 끝나면 잠깐 멈췄다가 다음 문장을 읽어요.

붙임 딱지 를 붙이며 문장을 끊어 읽는 연습을 해 보세요.

?	/	?

꼼꼼 질문

1 하트 초콜릿을 만들 때 어떤 준비물이 필요한가요? 알맞은 것을 모두 골라 ◯ 하세요.

생크림　　　　우유　　　　초콜릿 가루　　　　칼

꼼꼼 질문

2 초콜릿 가루와 우유를 섞어 틀에 부은 다음 무엇을 해야 하나요? 알맞은 것을 찾아 선으로 이으세요.

· 　　냉동실에 넣어 단단하게 얼려요.

· 　　전자레인지에 넣어 부드럽게 만들어요.

탐정 질문

3 초콜릿을 냉동실에 넣거나 꺼낼 때 왜 어른과 함께해야 할까요? 알맞은 것을 고르세요.　　　　　　　(　　　　　)

① 초콜릿을 더 단단하게 만들기 위해서

② 냉동실에 혼자 넣거나 꺼내다가 다칠 수 있어서

너도 초콜릿을 만들어 본 적이 있니?

어휘와 문장 놀이

다섯 고개 놀이 주어진 힌트를 읽고, '나'가 누구인지 쓰세요.

나는 누구일까요?

힌트 1 나는 키가 커요.

힌트 2 나는 해를 따라 고개를 돌려요.

힌트 3 나는 여름에 많이 보여요.

힌트 4 나는 해를 닮은 큰 꽃을 피워요.

힌트 5 사람들은 내 씨앗을 간식으로 먹기도 해요.

정답 :

숨바꼭질 말놀이 질문을 읽고, 숨은 답을 찾아 색칠하세요.

✏️ 한글을 만든 왕은?

김 **세** 종 구 대 왕

✏️ 배추나 무를 소금에 절이고 양념해 만든 우리 전통 음식은?

김 떡 치 된 국 장

✏️ 옛날에 곡식을 가는 데 사용했던 물건은?

지 절 **맷** 게 구 돌

악기는 어떻게 소리를 낼까요?

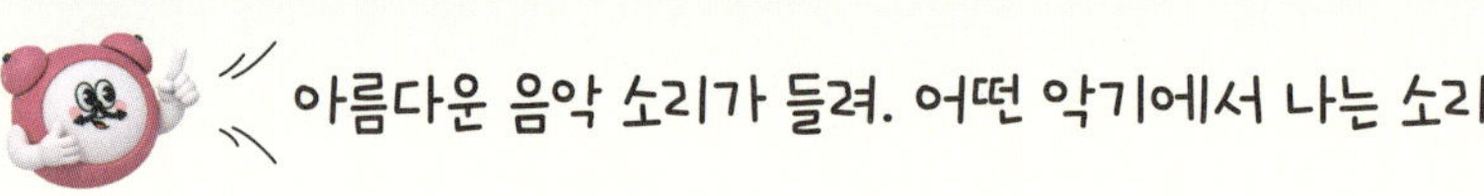

연주자가 악기를 연주하면 그 소리가 공기 속으로 퍼져요.

그 소리가 공기를 타고 우리 귀까지 오면 들리게 되지요.

악기는 소리를 내는 방법에 따라 나눌 수 있어요.

첫째, 바이올린처럼 줄을 켜거나* 퉁겨서 소리를 내는 악기가 있어요.

둘째, 트럼펫처럼 입으로 불어서 소리를 내는 악기가 있어요.

셋째, 북처럼 두드려서 소리를 내는 악기가 있어요.

넷째, 피아노처럼 건반*을 눌러서 소리를 내는 악기가 있어요.

* **켜다** 줄이 있는 악기의 줄을 활 등으로 문질러 소리를 내다.
* **건반** 피아노, 오르간 등에서 손가락으로 치도록 된 부분을 늘어놓은 면.

독해 한 걸음 | **기준과 분류**

기준은 어떤 것을 나누기 위해 정하는 방법이고, 분류는 그 기준에 따라 나누는 것이에요.
이 글에서 기준은 악기를 소리 내는 방법이고, 네 가지로 악기를 분류했어요.

쏙쏙 확인! **다음 중 '기준'을 나타낸 것에 ◯ 하세요.**

악기는 만드는 재료에 따라서도 나눌 수 있어요. ⋯⋯⋯⋯⋯⋯ (　　)

첫째, 나무로 만든 악기예요. ⋯⋯⋯⋯⋯⋯⋯⋯⋯⋯⋯⋯⋯⋯ (　　)

 꼼꼼 질문

1

소리는 무엇을 타고 우리 귀까지 전달될까요? 알맞은 글자를 따라 쓰세요.

소리는  를 타고 전달돼요.

 꼼꼼 질문

2

다음 악기는 어떻게 소리를 내나요? 알맞은 것을 찾아 선으로 이으세요.

트럼펫 ●	● 건반을 눌러서 소리를 내요.
피아노 ●	● 입으로 불어서 소리를 내요.

 탐정 질문

3

바이올린과 같은 방법으로 소리를 내는 악기는 무엇일까요? 알맞은 것을 고르세요.   (   )

① 첼로

② 하모니카

너는 어떤 악기를 연주해 보고 싶니?

우산과 비옷은 어떻게 만들었을까요?

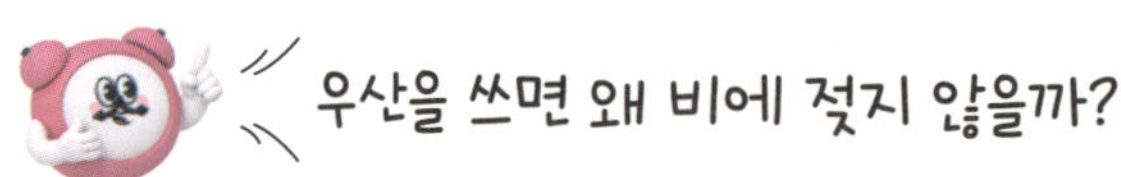

사람들은 자연의 모습을 보고 생활을 편리하게 만드는 물건을 만들었어요.
예를 들어 연잎*을 보고 만든 우산과 비옷이 있어요.

연잎에는 아주 작은 돌기*가 많이 있어요.
그래서 연잎에 떨어진 물방울은 스며들지 않고 또르르 굴러가요.
사람들은 이 모습을 보고 물이 스며들지 않는 천*을 만들었어요.
이 천으로 우산과 비옷을 만들었지요.
우리는 우산과 비옷 덕분에 비가 오는 날에도 젖지 않아요.

* **연잎** 연꽃의 잎.
* **돌기** 뾰족하게 내밀거나 도드라진 부분.
* **천** 실로 짠, 옷이나 이부자리 등의 감이
　되는 물건.

독해 한 걸음 ▶ **예를 들어 설명하기**

예를 들어 설명하면 내용을 더 쉽게 이해할 수 있어요.
이 글에서는 우산과 비옷을 자연의 모습을 보고 만든 물건의 예로 들고 있어요.

콕콕 확인! **다음 중 '예를 들어 설명'한 것에 ○ 하세요.**

동물의 생김새를 보고 만든 물건도 있어요. ·················· (　　)

예를 들어 새의 날개를 보고 비행기를 만들었어요. ·················· (　　)

꼼꼼 질문

1 사람들은 연잎을 보고 어떤 물건을 만들었나요? 알맞은 것에 색칠하세요.

| 부채와 모자 | 우산과 비옷 |

꼼꼼 질문

2 이 글의 내용으로 맞으면 ◯, 틀리면 ✗ 하세요.

연잎 위에는 아주 작은 돌기가 촘촘하게 있어요. ⋯⋯⋯⋯ ☐

사람들은 연잎을 보고 물이 스며드는 천을 만들었어요. ☐

탐정 질문

3 바람에 잘 날아가는 민들레 씨를 보고 무엇을 만들었을까요? 알맞은 것을 고르세요.   (   )

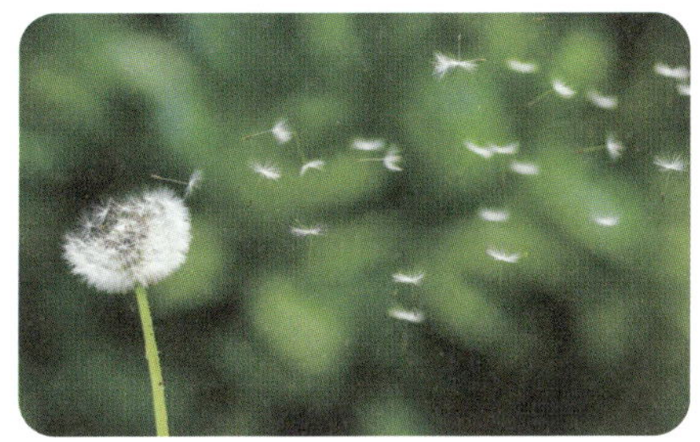

① 낙하산을 만들었어요.

② 로켓을 만들었어요.

자연의 모습을 보고 만들고 싶은 물건이 있니?   47

마을의 수호신은 어떤 모습일까요?

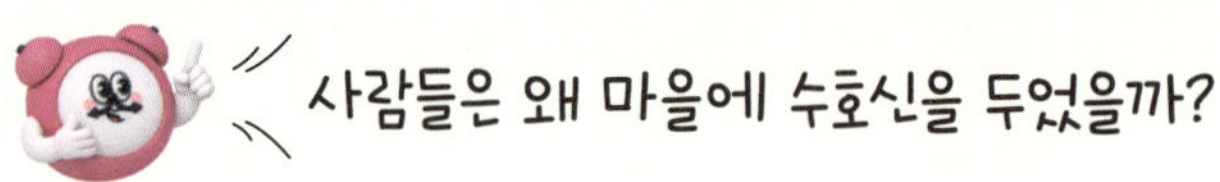

장승과 돌하르방은 마을을 지켜 주는 수호신*이에요.

장승과 돌하르방의 얼굴은 사람처럼 생겼어요.

옛날 사람들은 마을 입구에 장승과 돌하르방을 세우면

나쁜 기운을 막을 수 있다고 믿었어요.

그래서 장승과 돌하르방을 중요하게 여겼지요.

장승과 돌하르방은 비슷해 보이지만 다른 점도 있어요.

장승은 주로 나무로 만들고, 돌하르방은 돌로만 만들어요.

장승은 여러 마을에 있지만, 돌하르방은

주로 제주도에 있어요.

* **수호신** 마을이나 사람을 나쁜 것들로부터 지켜 주는 신.

독해 한걸음 **같은 점과 다른 점**

어떤 두 가지를 같은 점과 다른 점으로 살펴보면 차이를 더 쉽게 알 수 있어요.
이 글은 장승과 돌하르방을 비교해 설명하고 있어요.

콕콕 확인! **다음 중 '같은 점'을 알 수 있는 것에 ◯ 하세요.**

장승과 돌하르방은 사람의 얼굴을 하고 있어요. ⋯⋯⋯⋯⋯⋯ (　　　)

장승은 무서운 표정을, 돌하르방은 웃는 표정을 짓고 있어요. ⋯⋯ (　　　)

1 장승과 돌하르방의 얼굴은 어떻게 생겼나요? 알맞은 것에 붙임 딱지를 붙이세요.

사람의 얼굴처럼 생겼어요.

호랑이의 얼굴처럼 생겼어요.

2 장승과 돌하르방은 무엇으로 만드나요? 알맞은 것을 찾아 선으로 이으세요.

장승 ●

● 주로 나무로 만들어요.

돌하르방 ●

● 돌로 만들어요.

3 여행을 갔는데 여기저기에서 돌하르방을 보았다면 그곳은 어디일까요? 알맞은 것을 고르세요. (   )

① 제주도예요.

② 서울이에요.

실제로 장승이나 돌하르방을 본 적이 있니? 그때 느낌은 어땠어?

49

개미의 생김새와 하는 일은 어떨까요?

==개미의 생김새를 살펴보아요.==

개미의 몸은 머리, 가슴, 배로 나뉘어요.

머리에는 두 개의 더듬이가 있고, 다리는 여섯 개예요.

==개미는 서로 하는 일이 달라요.==

여왕개미는 알을 낳고, 수개미는 짝짓기를 해요.

일개미는 먹이를 찾고, 집을
넓히고, 애벌레*를 키워요.
병정개미는 적으로부터 집을
지켜요.

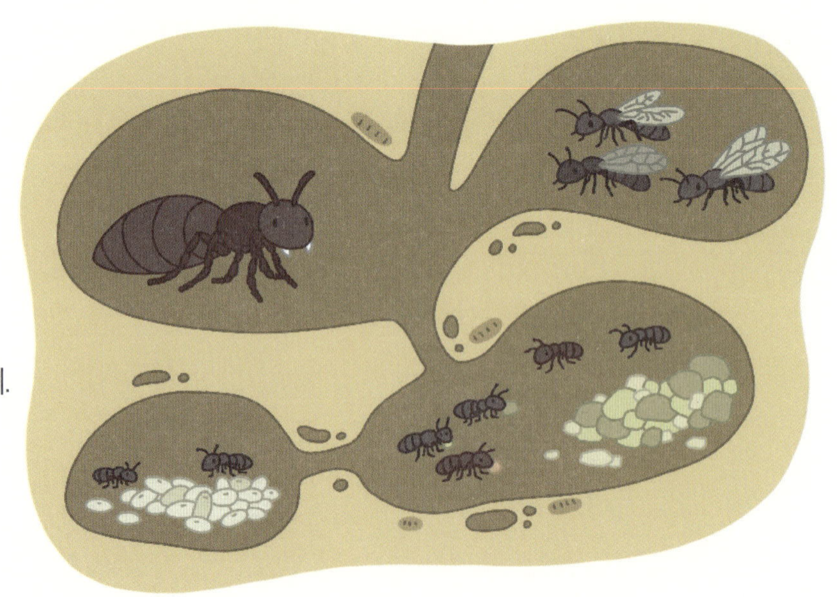

* **애벌레** 알에서 나온 뒤 아직 다 자라지 아니한 벌레.

독해 한걸음 **여러 가지로 살펴보기**

한 가지만 보지 않고 여러 가지를 함께 살펴보면 더 잘 이해할 수 있어요.
이 글에서는 개미의 생김새와 하는 일을 살펴보고 있어요.

다음 중 개미의 종류를 살펴본 것에 ○ 하세요.

개미는 홍개미, 잎꾼개미, 가시개미 등이 있어요. ……………………… (   )

개미의 몸은 머리, 가슴, 배로 나뉘어요. …………………………………… (   )

꼼꼼 질문

1 개미의 몸은 어떻게 나뉘나요? 알맞은 것에 ○ 하세요.

| 머리, 가슴, 배로 나뉘어요. | 머리, 몸통, 다리로 나뉘어요. |

꼼꼼 질문

2 적으로부터 집을 지키는 개미는 어떤 개미인가요? 알맞은 것을 골라 **붙임 딱지** 를 붙이세요.

| 수개미 | 병정개미 |

탐정 질문

3 개미들은 왜 서로 하는 일이 다를까요? 알맞은 것을 고르세요.

(   )

① 자기가 하고 싶은 일을 하기 때문에

② 함께 잘 살기 위해 할 일을 나누었기 때문에

네가 개미라면 어떤 일을 하고 싶어?

물에 어떻게 뜰까요?

물속에 들어가면 / 몸이 가볍게 느껴져요. /
그 이유는 / 물이 우리 몸을 / 밀어 올려 주기 때문이에요. /
이런 힘을 / 부력*이라고 해요. /
부력 덕분에 / 우리는 물에 뜰 수 있고 / 수영도 할 수 있어요. /

수영할 때는 / 팔을 앞으로 쭉 뻗고 / 다리로 물을 차며 /
앞으로 나아가요. /
몸이 물에 떠 있으니 / 더 쉽게 /
앞으로 갈 수 있어요. /
머리를 물에 넣기 전에는 /
숨을 크게 들이쉬고, / 물속에서는 /
코와 입으로 / 숨을 내뱉어요.

* **부력** 물이 물체를 밀어 올려서 가라앉지 않게 하는 힘.

독해한걸음 **뜻을 살려 끊어 읽기**

글에서 말하고자 하는 중요한 내용이 잘 드러나도록 알맞은 곳에서 끊어 읽어요.
이렇게 읽으면 글의 뜻이 또렷해지고 내용을 더 쉽게 이해할 수 있어요.

콕콕 확인! **붙임 딱지** 를 붙이며 문장을 끊어 읽는 연습을 해 보세요.

?	/	?

꼼꼼 질문

1 우리는 어떤 힘 덕분에 물에 뜰 수 있나요? 알맞은 글자를 따라 쓰세요.

덕분에 물에 뜰 수 있어요.

꼼꼼 질문

2 이 글의 내용으로 맞으면 ◯, 틀리면 ✕ 하세요.

우리 몸은 물속에서 더 가볍게 느껴져요. ⋯⋯⋯⋯⋯⋯⋯ ☐

수영을 할 때는 숨을 쉬지 않아야 해요. ⋯⋯⋯⋯⋯ ☐

탐정 질문

3 부력이 없다면 우리는 물에서 어떻게 될까요? 알맞은 것을 고르세요.

(   )

① 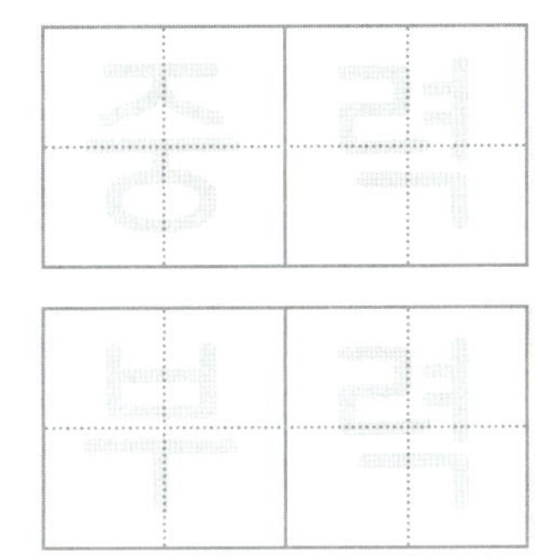

물위에 떠 있을 거예요.

②

물속으로 가라앉을 거예요.

너도 물속에서 몸이 가볍다고 느끼니? 

어휘와 문장 놀이

다섯 고개 놀이   주어진 힌트를 읽고, '나'가 누구인지 쓰세요.

나는 누구일까요?

힌트 1   나는 주로 여름에 일해요.

힌트 2   나는 이리저리 고개를 돌릴 수도 있어요.

힌트 3   나는 날개가 있어요.

힌트 4   나는 바람을 만들 수 있어요.

힌트 5   사람들은 더울 때 내 앞으로 오기도 해요.

정답: ☐ ☐ ☐ ☐

✏ 책을 읽고 빌릴 수도 있는 곳은?

| 서 | 도 | 점 | 서 | 관 | 원 |

✏ 불빛으로 안전하게 길을 건너도록 도와주는 것은?

| 신 | 차 | 호 | 등 | 단 | 길 |

✏ 바닷속 생물들을 구경할 수 있는 곳은?

| 동 | 수 | 물 | 족 | 원 | 관 |

숫자의 비밀

○ 다음 책을 읽고 문제에 답해 보세요.

곰은 물고기 수만큼 돌멩이를 하나씩 쌓았어요.

하지만 돌멩이가 많아지자 헷갈렸어요.

그때 구름에서 번쩍! 무언가 나타났어요.

"안녕! 나는 숫자 요정이야. 물고기 수를 알려 줄게.

1, 2, 3, …, 13, 14, 15. 모두 15마리야!"

곰은 숫자 덕분에 물고기

수를 정확히 알게

되었어요.

1 곰은 무엇의 수를 알아보려고 했나요? 알맞은 것을 골라 색칠하세요.

물고기

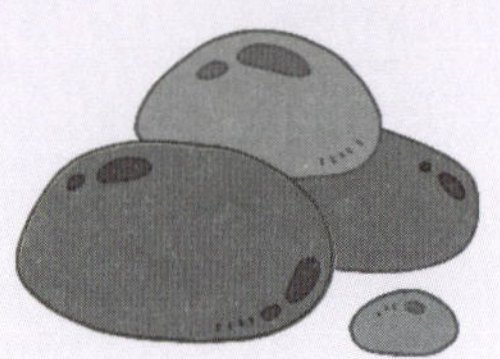

돌멩이

다음 날, 곰 마을에서 달리기 경주가 열렸어요.
곰들이 줄을 섰지만, 누가 누군지 헷갈렸어요.
이번에는 숫자 요정이 곰들에게 번호를 붙여 주었어요.
1번, 2번, 3번, 4번, 5번, 6번!
숫자는 이름 대신 쓸 수도 있었어요.
곰들은 서로를 쉽게
알아볼 수 있었어요.

2 이 글의 내용으로 맞으면 〇, 틀리면 ✕ 하세요.

곰들이 줄을 서자 서로를 바로 알아볼 수 있었어요. ⋯⋯⋯⋯⋯

숫자는 이름을 대신할 수 있어요. ⋯⋯⋯⋯⋯

달리기 경주가 시작되자 곰들이 힘차게 달렸어요!

결승선에 가장 먼저 도착한 곰에게 1등 상이 주어졌어요.

그다음 곰은 2등, 셋째 곰은 3등이었어요.

넷째, 다섯째, 여섯째 곰도 모두 열심히 달렸어요.

숫자 요정은 누가 몇째인지 알려 주었어요.

"숫자가 있어서 정말 편리해."

3 숫자 요정은 곰들에게 무엇을 알려 주었나요? 알맞은 것에 ◯ 하세요.

어떤 곰이 몇째로
들어왔는지 알려 주었어요.

곰들에게 어떤 상이 있는지
알려 주었어요.

며칠 뒤, 곰 마을 곳곳에 숫자가 쓰이기 시작했어요.

곰들이 버스 정류장에 앉아서 7번 버스를 기다려요.

버스를 기다리는 곰은 세 마리예요.

첫 번째 곰은 졸고 있어요.

세 번째 곰은 두 번째 곰에게 말을 걸고 있어요.

숫자 요정은 미소 지으며 구름 속으로 펑! 사라졌어요.

○ 책을 다 읽고 **붙임 딱지** 를 붙이세요!

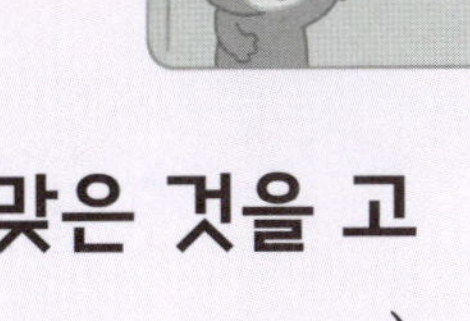

4 곰 마을의 버스에 숫자가 사라진다면 어떤 일이 생길까요? 알맞은 것을 고르세요. ( )

① 곰들이 어느 버스를 타야 할지 알기 어려워져요.

② 버스를 타려는 곰들이 많아질 거예요.

③ 곰들이 버스 대신 걸어 다닐 거예요.

우리 함께 그릴까?

○ 다음 책을 읽고 문제에 답해 보세요.

연필이 뽐내며 말했어요. "난 또렷한 선을 그릴 수 있어!"

물감이 콩콩 뛰며 말했어요. "나는 색을 칠할 수 있지!"

둘은 함께 소녀의 얼굴을 그리기로 했어요.

연필은 얼굴의 선을 그렸어요.

물감은 볼과 입술에
색을 칠했어요.

1 연필과 물감은 무엇을 그리기로 했나요? 알맞은 글자를 따라 쓰세요.

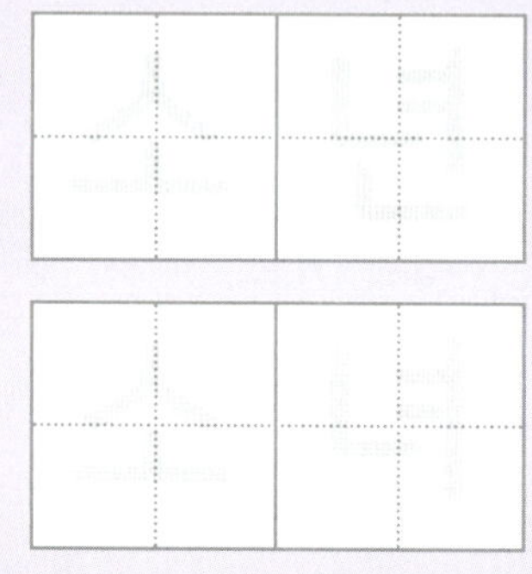

의 얼굴을 그리기로 했어요.

그런데 연필이 실수로 눈썹을 삐뚤빼뚤하게 그렸어요.
물감은 너무 많이 나와서 색이 번졌지요.
선이 지저분해지고 색이 번져서 그림은 엉망이 되었어요.
"우리를 도와줄 수 있는 다른 친구들을 찾아보자!
그럼 더 멋진 그림이
완성될 것 같아."

2 그림이 엉망이 되자 둘은 어떻게 했나요? 알맞은 것에 붙임 딱지 를 붙이세요.

도와줄 친구들을 찾기로 했어요.

더 열심히 그리기로 했어요.

그때 지우개가 다가와 말했어요. "걱정 마. 삐뚤어진 선은
내가 깨끗하게 지울게."
붓도 부드럽게 말했어요. "물감이 번지지 않도록 내가
색을 깔끔하게 칠해 줄게."
연필과 물감은 친구들의 도움에 기뻐했어요.

3 누가 누구를 도와 어떤 일을 할까요? 알맞은 것을 찾아 선으로 이으세요.

| 지우개 | • | • | 연필을 도와 삐뚤어진 선을 지워요. |

| 붓 | • | • | 물감을 도와 색을 깔끔하게 칠해요. |

지우개와 붓은 그림을 깨끗하게 다듬었어요.

연필이 다시 조심스럽게 선을 그리고, 물감은 붓과 함께
색을 칠했어요.

점점 그림 속 소녀의 모습이 드러났어요.

"우리가 함께 그리니까 멋진 그림이 되었어!"

완성된 그림이 벽에 걸리자 사람들은 그림을 보며
감탄했어요.

○ 책을 다 읽고 **붙임 딱지** 를 붙이세요!

4 **사람들은 왜 벽에 걸린 그림을 보며 감탄했을까요? 알맞은 것을 고르세요.**

(　　　　　)

① 그림 속 소녀가 움직였기 때문에

② 그림이 멋졌기 때문에

③ 그림 속 소녀가 신기했기 때문에

천 원 저금통

○ 다음 책을 읽고 문제에 답해 보세요.

어느 주말 저녁, 우리 가족은 텔레비전을 보고 있었어요.
가난해서 학교에 다니지 못하는 아프리카 친구 이야기가
나왔어요.
"우리도 기부할까? 기부는 어려운 사람을 돕기 위해
돈이나 마음을 나누는 일이란다." 엄마가 알려 주셨어요.
동생과 나는 아프리카 친구를
돕기 위해 돈을 모으기로
했어요.

1 텔레비전에서 어떤 이야기가 나왔나요? 알맞은 것에 붙임 딱지 를 붙이세요.

가난한 아프리카 친구 이야기

아프리카 친구를 돕는 사람 이야기

우리는 '천 원 저금통'을 만들었어요.

매달 용돈을 받으면 먼저 저금통에 천 원을 넣었지요.

먹고 싶은 과자도 참으면서 차곡차곡 돈을 모았어요.

돈이 점점 모이는 모습을 보니 두근거렸어요.

저금통이 가득 차자 우리는 열심히 모은 돈을 아프리카

친구에게 기부했어요.

2 우리는 기부하기 위해 무엇을 만들었나요? 알맞은 것의 글자를 따라 쓰세요.

저금통을 만들었어요.

멀리 아프리카에서 편지가 도착했어요.

우리가 도운 친구가 학교에 다니게 되었대요.

그 친구는 자라서 선생님이 되고 싶다고 했어요.

편지에는 이제 학교에 다니며 공부할 수 있게 되어 정말

기쁘다는 이야기도 적혀 있었어요.

우리의 기부가 친구의 꿈을 이루는 데 도움이 되었다는

것이 자랑스러웠어요.

3 아프리카 친구는 자라서 무엇이 되고 싶다고 했나요? 알맞은 것을 찾아 선으로 이으세요.

선생님

의사

이제 천 원 저금통은 텅 비었지만 내 마음은 가득
차올랐어요.
기부를 하고 남은 용돈으로 과자를 사러 갔어요.
나와 동생은 먹고 싶었던 과자를 고르며 즐거워했어요.
나는 모은 돈을 다른 사람을 돕는 데 쓰는 것도,
나를 위해 쓰는 것도 모두 소중하다는 걸 알게 되었어요.

○ 책을 다 읽고 **붙임 딱지** 를 붙이세요!

4 기부를 하고 남은 용돈으로 과자를 샀을 때 나는 어떤 기분이었을까요? 알맞은 것을 고르세요.　　　　　　　　　　　(　　　　)

① 즐겁고 행복한 기분

② 아쉽고 아까운 기분

③ 분하고 화난 기분

붉은 벽돌 담장 안의 역사

○ 다음 책을 읽고 문제에 답해 보세요.

오늘 나는 가족과 함께 특별한 곳에 갔어요.
그곳은 붉은 벽돌 담장으로 둘러싸여 있었어요.
문 위에는 '서대문형무소역사관'이라고 적혀 있었지요.
높은 담장을 보니 조금 무섭고 긴장되었어요.
'여기는 어떤 곳일까?'
나는 마음속으로
생각했어요.

1 나는 가족들과 어디에 갔나요? 알맞은 것에 ◯ 하세요.

동대문역사문화공원

서대문형무소역사관

커다란 문을 들어서자 여러 전시관이 있었어요.
전시관에는 나라를 되찾기 위해 힘쓴 독립운동가들의 물건이 전시되어 있었어요.
또 다른 전시관 벽에는 사진이 가득 붙어 있었어요.
모두 서대문형무소에 갇혔던 독립운동가들의 사진이라고 했어요.
그 모습을 상상하니 마음이 먹먹했어요.

2 이 글의 내용으로 맞으면 ○, 틀리면 ✕ 하세요.

전시관에서 독립운동가들의 물건을 볼 수 있었어요. .... ☐

전시관 벽에는 일본 경찰들의 사진이 붙어 있었어요. .... ☐

전시관에서 나와 다음 건물로 갔어요.

그 안에는 철문이 달린 작은 방들이 많이 있었어요.

그 방에 독립운동가들이 갇혀 있었다고 했어요.

좁은 방에 갇혀 아주 힘든 시간을 보냈지만 꿋꿋하게

버텼다고 해요.

그분들이 얼마나 용감했는지 알 수 있었어요.

3 철문이 달린 작은 방은 무엇을 하던 곳이었나요? 알맞은 것에 색칠하세요.

독립운동가들을 가두던 곳

값비싼 물건을 보관하던 곳

나는 밖으로 나와 붉은 벽돌 담장으로 둘러싸인 길을
따라 걸었어요.

이곳에서 독립운동가들의 마음을 느낄 수 있었어요.

'우리나라를 지켜 주셔서 감사합니다!' 나는 속으로
외쳤어요.

앞으로도 많은 사람들이 이곳을 들러 어렵게 지켜낸
나라의 소중함을 기억하면 좋겠어요.

o 책을 다 읽고 **붙임 딱지** 를 붙이세요!

4 서대문형무소역사관을 둘러싼 붉은 벽돌 담장은 무엇을 위해 만들었을까
요? 알맞은 것을 고르세요.　　　　　　　　　　　　　(　　　　)

① 사람들이 사진을 찍기 좋게 하려고

② 건물을 멋져 보이게 하려고

③ 독립운동가들이 도망가지 못하게 하려고

침팬지의 친구, 제인 구달

○ 다음 책을 읽고 문제에 답해 보세요.

제인 구달은 침팬지를 연구한 유명한 동물학자예요.

제인은 어릴 적부터 동물을 아주 좋아했어요.

네 살 무렵, 제인은 암탉이 달걀을 어떻게 낳는지

궁금했어요.

그래서 닭장에 몰래 들어가 몇 시간을 숨어 있기도 했어요.

제인은 자연과 동물을

사랑하는 마음을 가진

아이였어요.

1 제인 구달은 누구인가요? 알맞은 글자를 따라 쓰세요.

어른이 된 제인은 야생 동물을 직접 보고 싶었어요.
제인은 아프리카로 떠나 그곳에서 연구자가 되었어요.
그중에서도 침팬지를 연구하게 되었지요.
제인은 숲속으로 들어가 침팬지들이 놀라지 않게 멀리서
지켜보았어요.
처음에는 제인을 멀리하던
침팬지들도 시간이
지나자 친구처럼
다가왔어요.

침팬지의 친구, 제인 구달

2 제인은 침팬지를 어떻게 연구했나요? 알맞은 것에 붙임 딱지 를 붙이세요.

가까이 다가가 친해지려고 했어요.

멀리서 조용히 지켜보았어요.

침팬지를 관찰하던 제인은 침팬지에게도 마음과 성격이
있다는 걸 알게 되었어요.
그래서 침팬지들에게 이름을 붙여 주었어요.
데이비드는 친절하고 지혜로운 대장 침팬지였어요.
싸우기보다 서로 도우며 침팬지들을 이끌었지요.
제인은 데이비드를 관찰하며 침팬지도 사람처럼 도구를
쓴다는 사실을 깨달았어요.

3 제인은 데이비드를 관찰하며 어떤 사실을 깨달았나요? 알맞은 것을 찾아
선으로 이으세요.

침팬지도 불을 피운다는 사실

침팬지도 도구를 쓴다는 사실

제인은 침팬지를 친구라고 생각했어요.

그래서 침팬지를 연구하는 것에서 멈추지 않았어요.

침팬지를 가까이에서 지켜보며 숲과 동물을 함께 지켜야

한다는 걸 느꼈거든요.

"지구는 우리 모두의 집이에요. 작은 행동이 큰 변화를

만듭니다."

제인은 환경 보호 활동을 하며 자연과

함께하는 세상을 위해 힘썼어요.

○ 책을 다 읽고 **붙임 딱지** 를 붙이세요!

4 **제인은 왜 환경 보호 활동을 했을까요? 알맞은 것을 고르세요.**

(   )

① 침팬지가 무서워서

② 숲을 없애면 동물도 살 곳을 잃게 되어서

③ 숲을 지켜서 유명해지려고

어휘와 문장 놀이

다섯 고개 놀이 주어진 힌트를 읽고, '나'가 누구인지 쓰세요.

나는 누구일까요?

힌트 1 나는 겨울에 볼 수 있어요.

힌트 2 나는 바깥에서 볼 수 있어요.

힌트 3 나는 둥근 몸을 가지고 있어요.

힌트 4 나는 따뜻해지면 사라져요.

힌트 5 나는 모자와 목도리를 하기도 해요.

정답 :

 질문을 읽고, 숨은 답을 찾아 색칠하세요.

옛날에 임금이 살던 곳은?

궁 성 차 궐 문 집

우리나라의 전통 집은?

금 전 한 지 복 옥

우리나라의 전통 난방 방식은?

마 온 루 돌 대 청

해답과 도움말

1일차

📖 8~9쪽

티라노사우루스가 고기를 먹는 무서운 육식 공룡으로 '공룡의 왕'이라는 별명을 가지고 있다는 내용을 알려 주는 글입니다.

이 글을 읽을 때에는 '무엇은 무엇이다'와 같은 말을 살펴보며, 어떤 대상이 무엇인지 설명하는 부분을 찾아 읽도록 해 주세요. 글에서 대상을 설명하는 방법을 익히고 내용을 더 정확하게 이해할 수 있습니다.

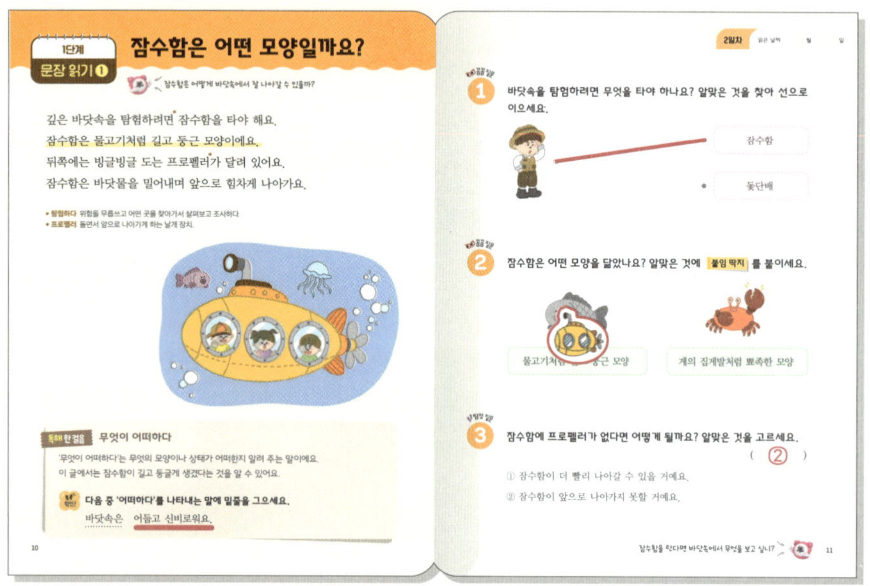

2일차

📖 10~11쪽

잠수함이 물고기처럼 길고 둥근 모양이며 프로펠러를 돌려 바닷물을 밀어내 앞으로 나아간다는 내용을 알려 주는 글입니다.

이 글을 읽을 때에는 '무엇이 어떠하다'와 같은 말을 살펴보며, 대상의 모양이나 상태를 설명하는 부분을 찾아 읽도록 해 주세요. 이를 통해 글에서 사물의 특징을 설명하는 방법을 익히고 내용을 잘 이해할 수 있습니다.

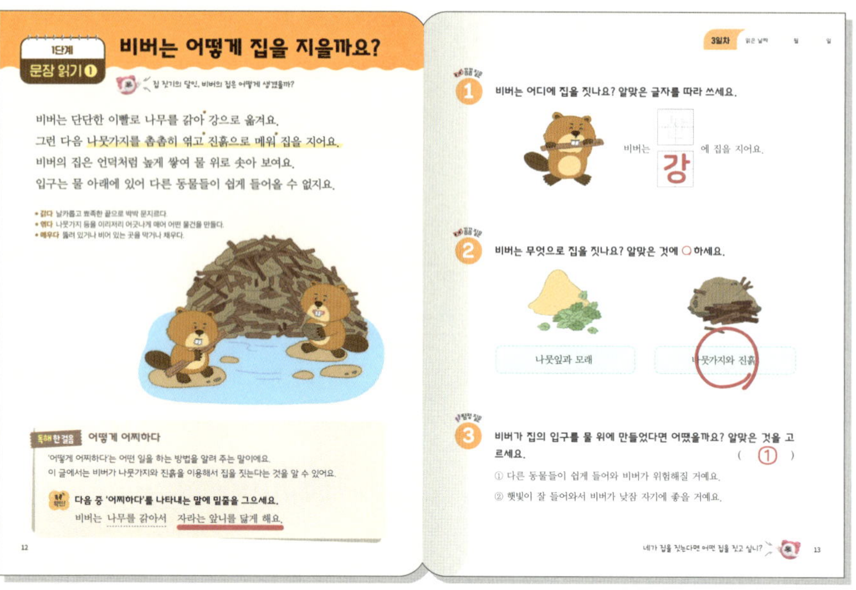

3일차

📖 12~13쪽

비버가 이빨로 나무를 갉아 강으로 옮기고, 나뭇가지와 진흙을 이용해 물 위로 솟아 보이는 집을 짓는다는 내용의 글입니다.

이 글을 읽을 때에는 '어떻게 어찌하다'와 같은 말을 살펴보며, 어떤 일을 하는 방법을 나타내는 부분을 찾아 읽게 해 주세요. 이런 말을 통해 글에서 행동의 방법을 설명하는 방식을 익히고 내용을 더 정확하게 이해할 수 있습니다.

4일차　　📖 14~15쪽

큰불이 나면 소방관이 호스로 물을 뿌리고, 작은 불이 나면 소화기를 사용해 불을 끈다는 내용을 알려 주는 글입니다.

이 글을 읽을 때에는 '무엇 때문이다'와 같은 말을 살펴보며, 어떤 일이 일어나는 이유를 나타내는 부분을 찾아 읽도록 해 주세요. 이런 말을 통해 글의 내용을 더 정확하게 파악할 수 있습니다.

5일차　　📖 16~17쪽

땅속 깊은 곳에 있는 마그마가 화산이 폭발할 때 밖으로 흘러나와 용암이 되고, 용암이 식으면 돌이나 땅이 만들어지기도 한다는 내용을 알려 주는 글입니다.

이 글을 읽을 때에는 한 글자씩 끊어 읽기보다 '어절' 단위로 끊어 읽으며 뜻을 파악하게 해 주세요. 이렇게 읽으면 글의 흐름을 더 쉽게 이해하고 의미도 정확하게 파악할 수 있습니다.

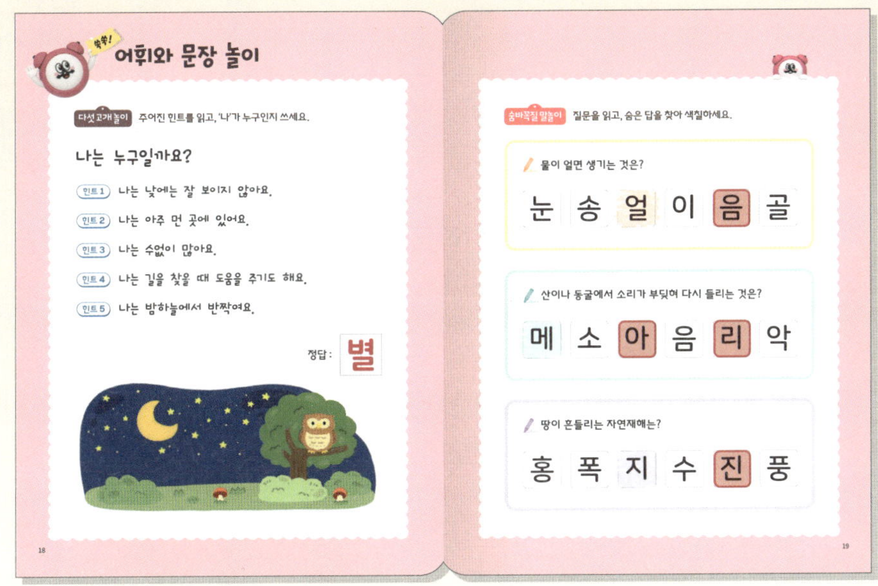

쑥쑥! 어휘와 문장 놀이　　📖 18~19쪽

다섯 고개 놀이에서는 주어진 힌트를 차례로 읽으며 '나'가 무엇인지 생각하게 해 주세요. 힌트에 해당하는 것들을 하나씩 떠올리다 보면 답을 쉽게 찾을 수 있습니다.

숨바꼭질 말놀이에서는 질문을 읽고 글자 속에 숨은 답을 찾아 색칠해 보세요. 숨은 답을 찾으며 어휘를 재미있게 익히고 뜻도 자연스럽게 이해할 수 있습니다.

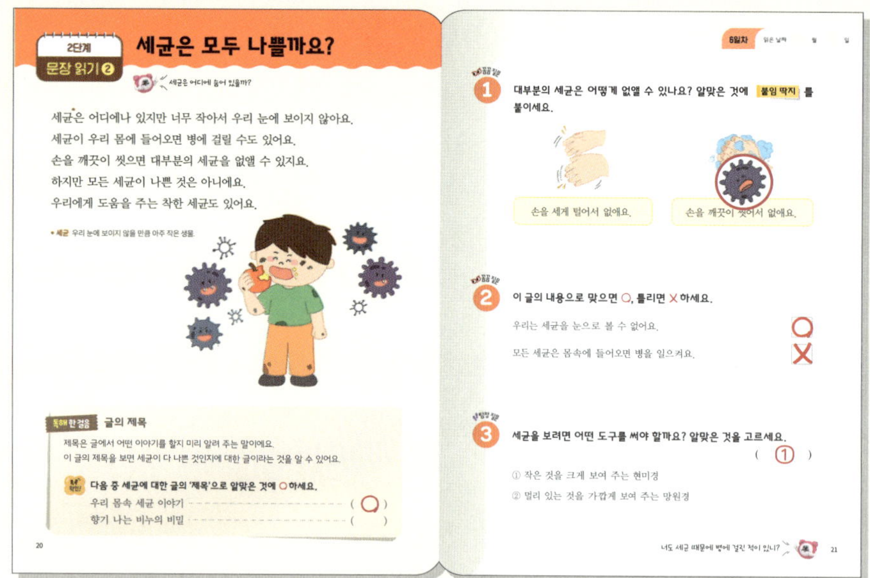

6일차

📖 20~21쪽

세균은 어디에나 있지만 너무 작아 눈으로 볼 수 없으며, 우리 몸에 들어오면 병을 일으키기도 하지만 도움을 주는 착한 세균도 있다는 내용을 담은 글입니다.

이 글을 읽을 때에는 '글의 제목'을 살펴보며 글이 어떤 이야기를 할지 생각하게 해 주세요. 제목은 글의 내용을 미리 알려 주는 말이므로 제목을 떠올리며 읽으면 글을 더 쉽게 이해할 수 있습니다.

7일차

📖 22~23쪽

동물들이 벌침, 가시, 냄새, 먹물 등 여러 가지 방법으로 자신을 지키며 위험으로부터 벗어난다는 글입니다.

이 글을 읽을 때에는 글에서 가장 중요한 생각인 '중심 문장'이 무엇인지 생각하게 해 주세요. 중심 문장 뒤에 이어지는 뒷받침 문장을 함께 읽으면 중심 문장이 어떻게 설명되는지 이해하며 글의 내용을 더 쉽게 파악할 수 있습니다.

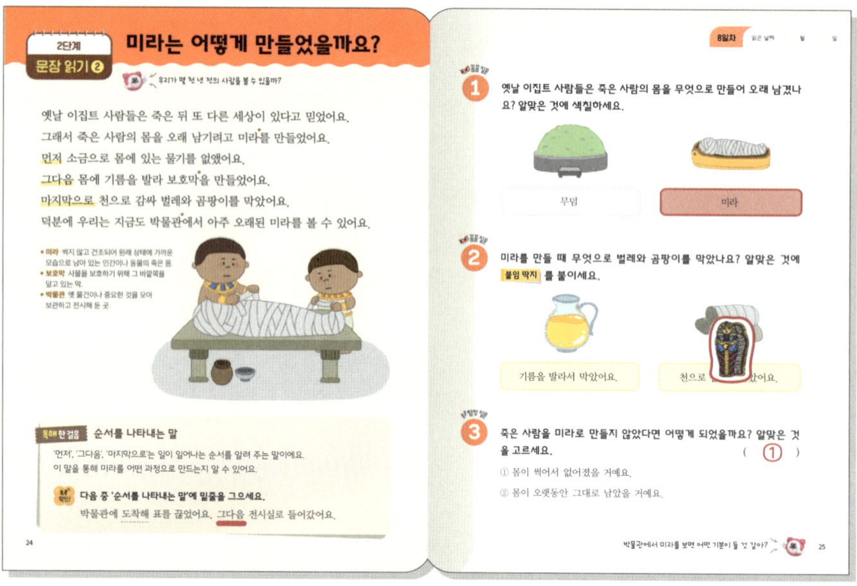

8일차

📖 24~25쪽

옛날 이집트 사람들이 미라를 만드는 과정을 담은 글입니다. 죽은 사람의 몸을 오래 남기기 위해 소금으로 물기를 없애고, 기름을 발라 보호막을 만들고, 천으로 감싸 벌레와 곰팡이를 막았다는 것을 알 수 있습니다.

이 글을 읽을 때에는 '먼저', '그다음', '마지막으로'와 같은 순서를 나타내는 말을 살펴보며 어떤 일이 일어나는 순서를 생각하게 해 주세요. 이러한 말을 따라 읽으면 일의 과정을 더 쉽게 이해할 수 있습니다.

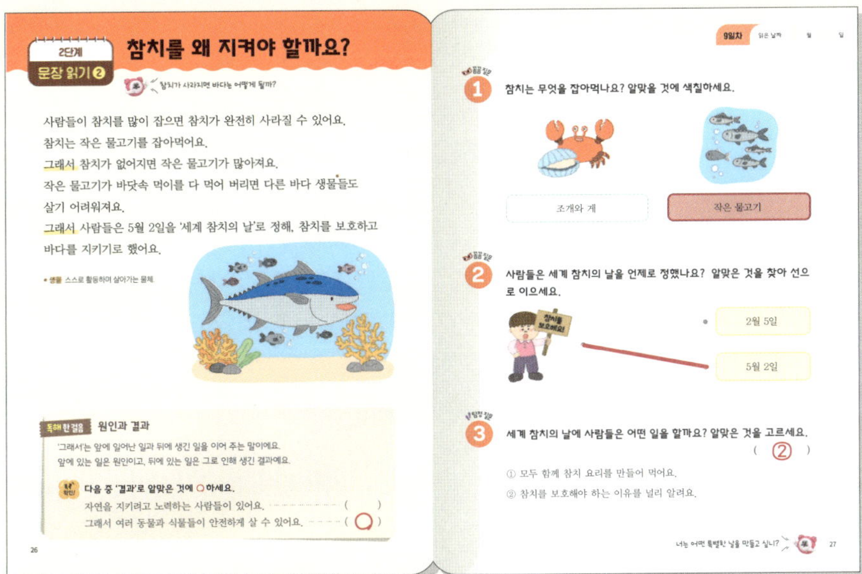

9일차
📖 26~27쪽

사람들이 참치를 많이 잡으면 결국 다른 바다 생물들도 살기 어려워질 수 있기 때문에 참치를 보호해야 한다는 내용을 담은 글입니다.
이 글을 읽을 때에는 '그래서'와 같은 말을 살펴보며 앞에서 일어난 일과 그 때문에 생긴 결과를 연결지어 생각하게 해 주세요. 이러한 말을 따라 읽으면 원인과 결과의 관계를 이해하며 글의 내용을 더 정확하게 파악할 수 있습니다.

10일차
📖 28~29쪽

해녀가 잠수복과 물안경, 오리발을 착용하고 바닷속에 들어가 전복, 소라, 해삼, 미역 같은 바닷속 생물을 딴다는 내용의 글입니다.
이 글을 읽을 때에는 의미가 이어지는 말을 묶어 '의미 단위'로 끊어 읽게 해 주세요. 소리 내어 읽고 붙임 딱지를 붙이며 유창하게 읽는 연습을 하면 도움이 됩니다.

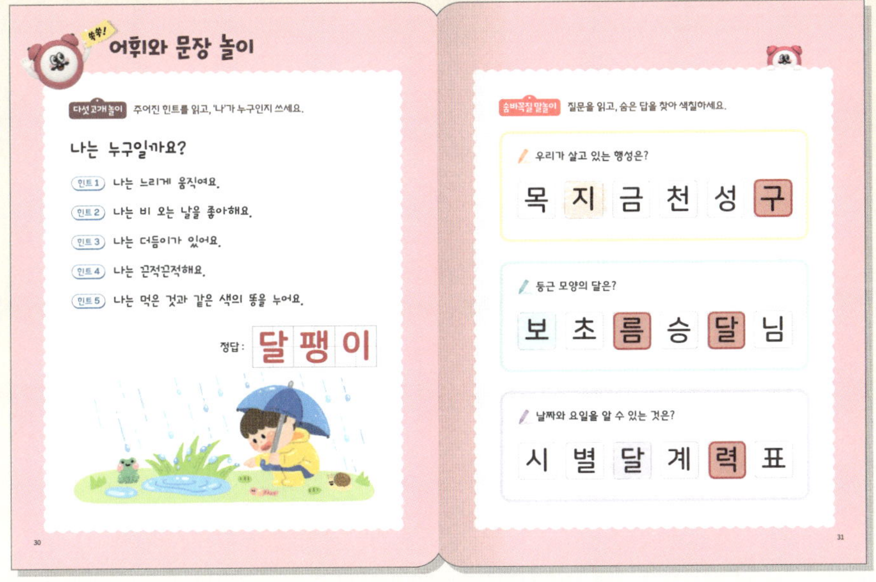

쑥쑥! 어휘와 문장 놀이
📖 30~31쪽

다섯 고개 놀이에서는 힌트를 차례로 읽으며 어떤 것을 설명하는지 생각하게 해 주세요. 힌트에 담긴 특징을 연결해 보면 답을 찾는 데 도움이 됩니다.
숨바꼭질 말놀이에서는 질문을 읽고 숨은 답을 찾아 글자를 색칠하게 해 주세요. 낱말을 찾으며 그 뜻을 자연스럽게 익힐 수 있습니다. 숨어 있는 또 다른 낱말을 찾아 그 뜻을 알아보는 활동으로 확장할 수도 있습니다.

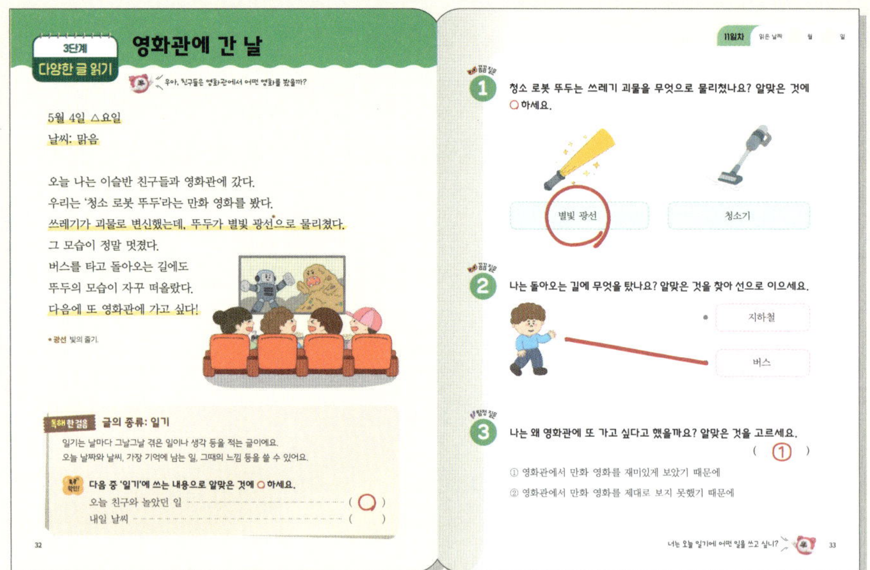

11일차
📖 32~33쪽

친구들과 영화관에 가서 만화 영화를 보고 재미있었던 장면을 떠올리며 느낀 점을 적은 일기입니다.
이 글을 읽을 때에는 '일기'의 특징을 떠올리며 오늘 있었던 일과 그때의 느낌이 어떻게 나타나는지 살펴보게 해 주세요. 날짜와 날씨, 가장 기억에 남는 일 등 일기에 적을 수 있는 요소를 기억하면 도움이 됩니다.

12일차
📖 34~35쪽

지난 주말에 가족과 함께 바다에 다녀온 일을 친구에게 전하며 즐거웠던 시간을 이야기하고 다음에 같이 가자고 하는 편지글입니다.
이 글을 읽을 때에는 '편지글'의 특징을 떠올리며 누구에게 보내는지와 누가 썼는지를 살펴보게 해 주세요. 편지글의 처음과 끝에 나타나는 말에 집중하며 읽으면 편지글의 형식과 내용을 더 쉽게 이해할 수 있습니다.

13일차
📖 36~37쪽

안전하고 즐거운 실내 놀이터가 되기 위해 지켜야 할 여러 규칙들을 알려 주는 안내문입니다.
이 글을 읽을 때에는 '안내문'의 특징을 떠올리며 어떤 규칙이나 주의할 점을 알려 주는지 살펴보게 해 주세요. 번호를 따라 내용을 읽으면 지켜야 할 규칙들이 숫자로 명확하게 드러나 글의 내용을 더 빠르게 파악할 수 있습니다.

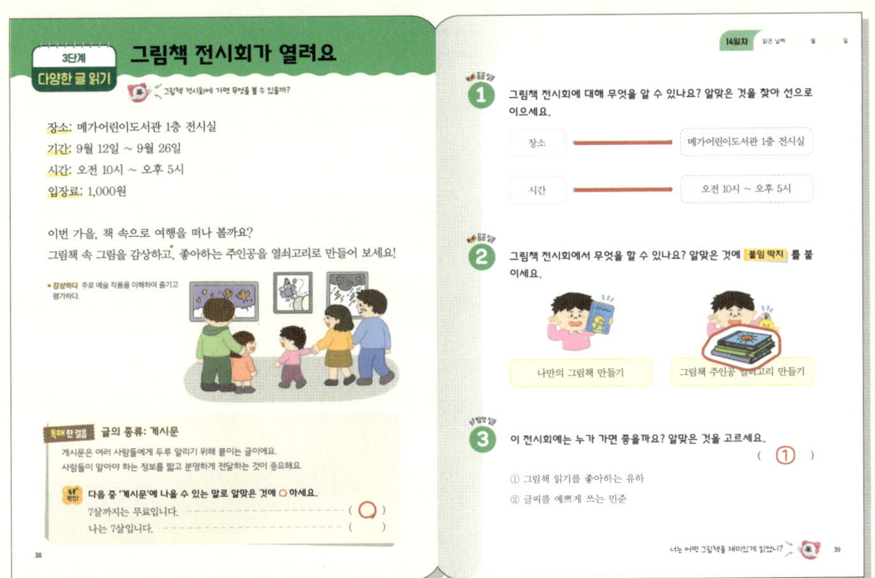

14일차

📖 38~39쪽

그림책 전시회가 열리는 장소와 기간, 시간, 입장료 등을 알려 주며 많은 사람들이 전시회에 올 수 있도록 널리 알리는 게시문입니다.
이 글을 읽을 때에는 '게시문'의 특징을 떠올리며 사람들이 알아야 할 정보가 무엇인지 살펴보게 해 주세요. 장소, 기간, 시간처럼 필요한 정보가 어떻게 정리되어 있는지 찾아보면 게시문을 이해하는 데 도움이 됩니다.

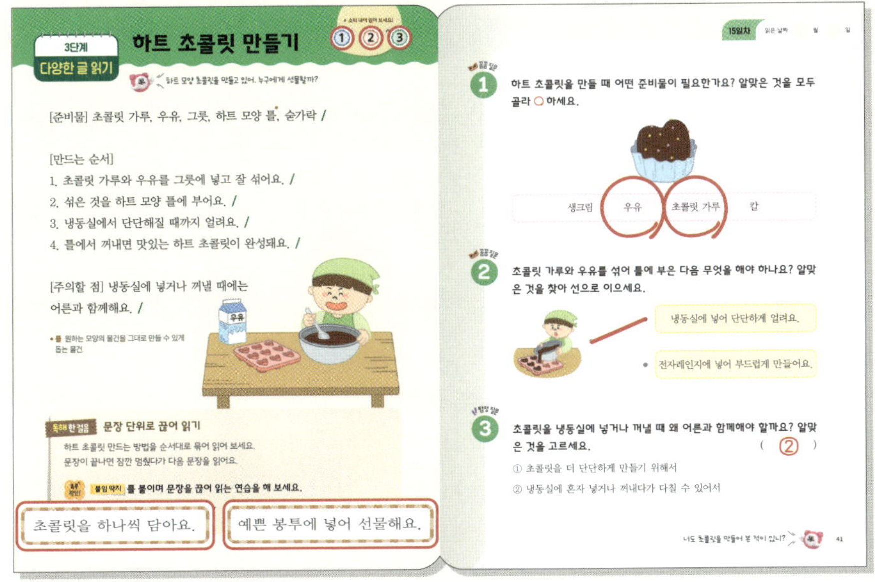

15일차

📖 40~41쪽

하트 초콜릿을 만들기 위해 필요한 준비물과 만드는 순서, 주의할 점을 알려 주는 글입니다.
이 글을 읽을 때에는 어떤 준비물이 필요한지 살펴보고, 번호를 따라 초콜릿을 만드는 과정이 어떻게 이어지는지 떠올리게 해 주세요. 또한 냉동실을 사용할 때에는 어른과 함께해야 한다는 점도 함께 살펴보며 글의 내용을 이해하도록 해 주세요.

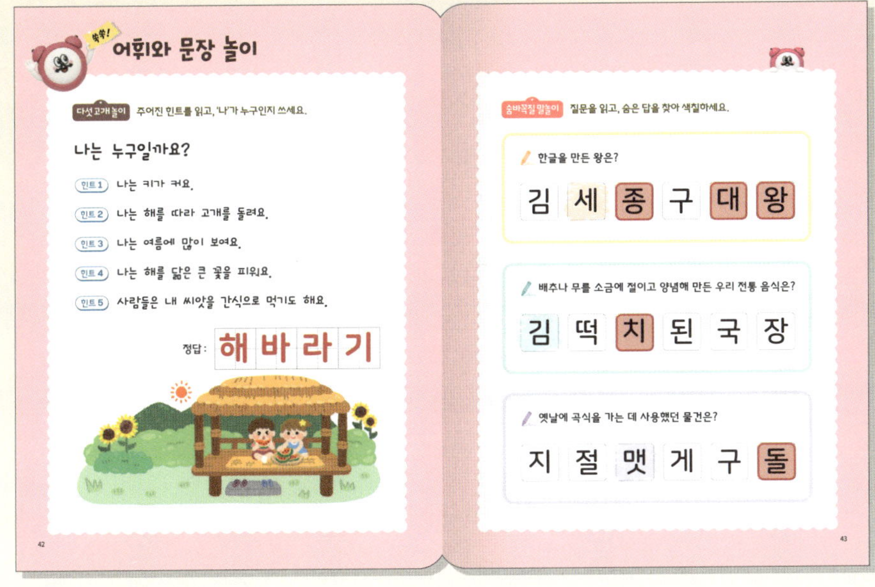

쑥쑥! 어휘와 문장 놀이

📖 42~43쪽

다섯 고개 놀이에서는 주어진 힌트를 차례로 살펴보며 '나'가 무엇인지 짐작하게 해 주세요. 각 힌트에서 말하는 특징을 가진 것을 떠올리면 답을 찾기 쉽습니다.
숨바꼭질 말놀이에서는 질문을 읽고 글자 속에 숨은 답을 찾아 색칠해 보세요. 글자를 살피며 숨은 낱말을 찾다 보면 어휘를 자연스럽게 익힐 수 있습니다.

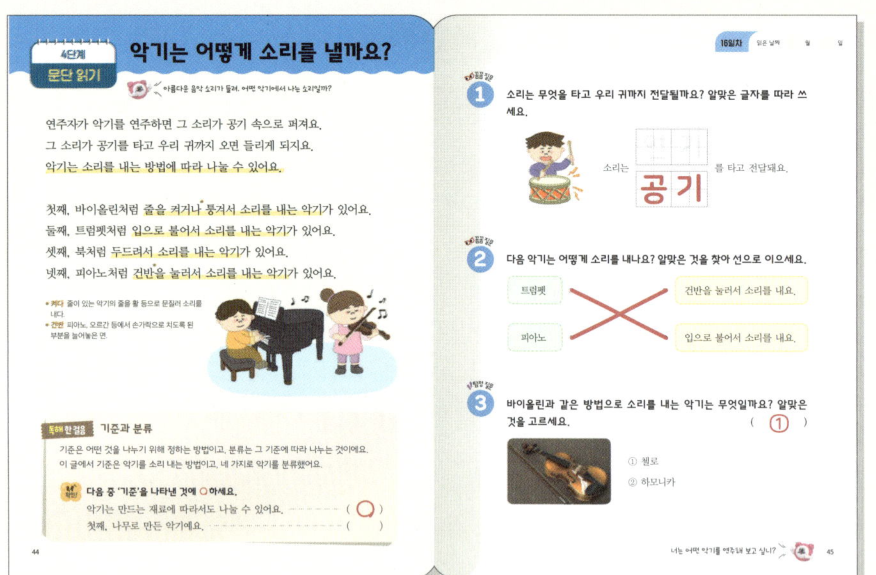

16일차 📖 44~45쪽

소리 내는 방법에 따라 악기를 여러 종류로 나눌 수 있음을 설명하는 글입니다.

이 글을 읽을 때에는 어떤 기준으로 악기를 나누었는지 살펴보게 해 주세요. 줄을 켜거나 퉁겨서 소리를 내는 악기, 입으로 불어서 소리를 내는 악기, 두드려서 소리를 내는 악기, 건반을 눌러서 소리를 내는 악기처럼 같은 기준에 따라 어떻게 분류했는지 생각하며 읽도록 합니다.

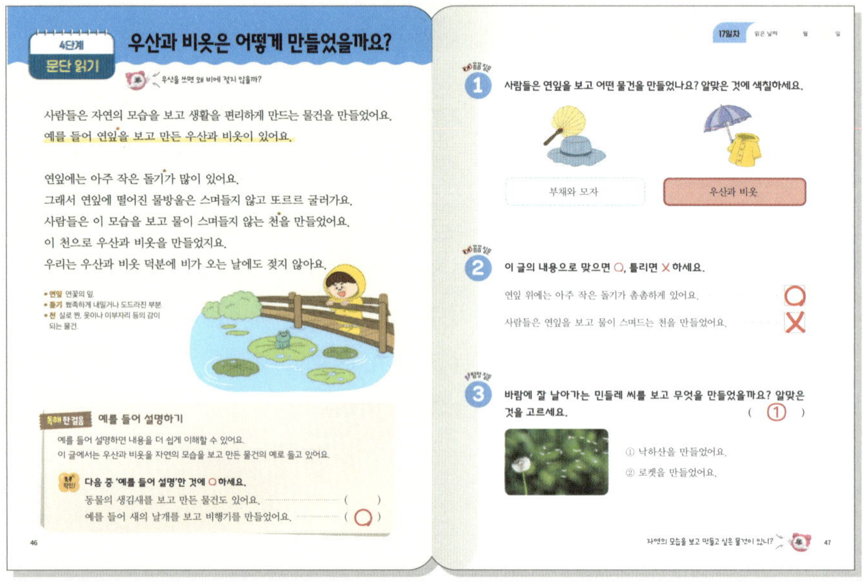

17일차 📖 46~47쪽

자연의 모습을 보고 생활을 편리하게 만드는 물건을 만들었다는 내용을 설명하는 글입니다. 이 글을 읽을 때에는 무엇을 예로 들어 설명하고 있는지 살펴보게 해 주세요. 연잎의 모습을 보고 우산과 비옷을 만들었다는 예를 통해 글에서 말하고자 하는 내용을 쉽게 이해할 수 있습니다. 예를 들어 설명하는 방식의 장점을 느낄 수 있도록 해 주세요.

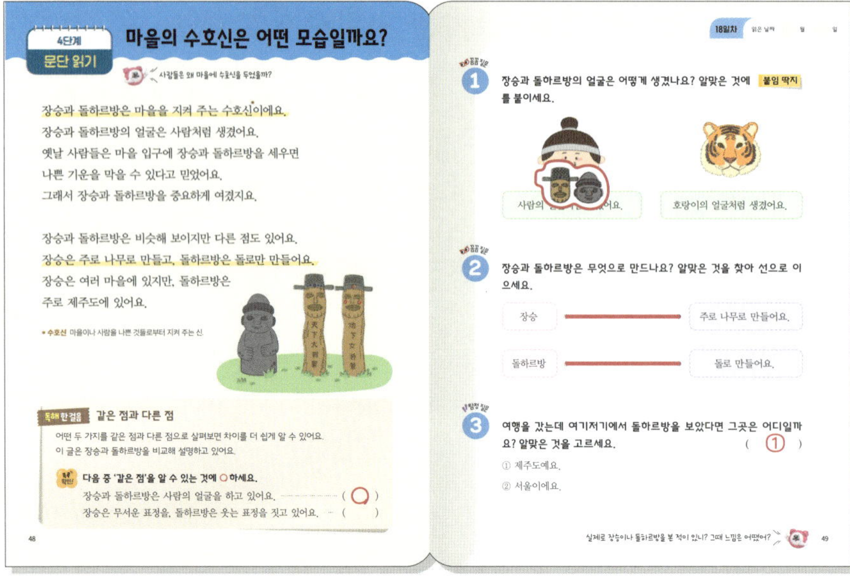

18일차 📖 48~49쪽

아이들에게 낯설 수 있는 '수호신'의 개념을 설명하고, 마을을 지키는 수호신인 장승과 돌하르방을 함께 소개한 글입니다.

이 글을 읽을 때에는 장승과 돌하르방이 어떤 역할을 하는지 살펴보고, 두 대상의 같은 점과 다른 점이 무엇인지 생각하게 해 주세요. 두 대상을 비교하면서 글을 읽으면 각각의 특징을 더 쉽게 이해할 수 있습니다.

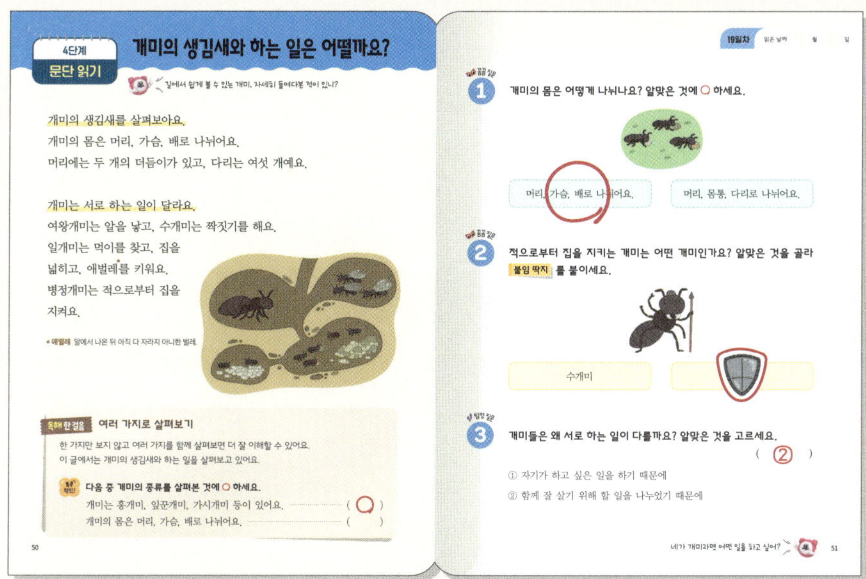

19일차　📖 50~51쪽

개미를 생김새와 하는 일로 나누어 살펴보는 글입니다.
이 글을 읽을 때에는 흔히 보던 개미의 모습을 떠올리며 개미의 몸이 어떻게 이루어져 있는지, 또 개미들이 어떤 일을 하는지 함께 생각하게 해 주세요. 한 가지 측면만 보는 것이 아니라 여러 가지로 함께 살펴보며 읽으면 개미에 대해 더 잘 이해할 수 있습니다.

20일차　📖 52~53쪽

물속에 들어가면 몸이 가볍게 느껴지는 이유와 수영하는 방법을 설명한 글입니다.
이 글을 읽을 때에는 수영을 해 본 경험을 떠올리며 물속에서 몸이 어떻게 느껴졌는지 이야기를 나누어 보세요. 또한 물이 우리 몸을 밀어 올려 주는 힘인 '부력'을 이해하고, 뜻이 자연스럽게 이어질 수 있게 문장을 알맞은 곳에서 끊어 읽어 보도록 합니다.

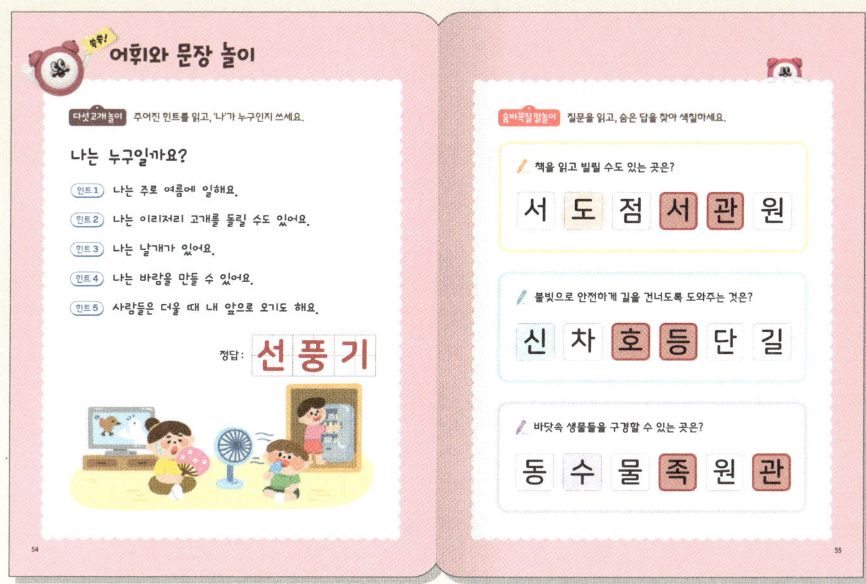

쏙쏙! **어휘와 문장 놀이**　📖 54~55쪽

다섯 고개 놀이에서는 힌트를 하나씩 읽으며 어떤 것을 설명하는지 생각하게 해 주세요. 힌트에 담긴 특징을 연결해 보면 답을 찾는 데 도움이 됩니다.
숨바꼭질 말놀이에서는 질문을 읽고 글자 사이에 숨은 답을 찾아 색칠해 보세요. 질문을 읽고 숨은 낱말을 찾으며 그 뜻을 자연스럽게 익힐 수 있습니다.

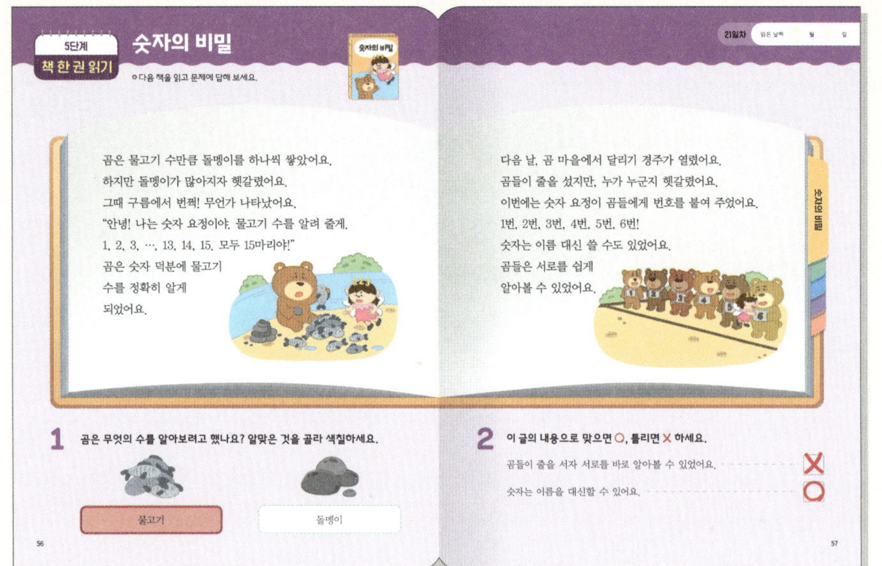

56~57쪽

첫 번째 장면에서는 곰이 물고기 수만큼 돌멩이를 쌓다가 헷갈리자 숫자 요정이 나타나 숫자를 세어 물고기 수를 알려 주는 모습이 나옵니다. 두 번째 장면에서는 달리기 경주에서 곰들에게 번호를 붙여 서로를 쉽게 알아볼 수 있게 합니다.

글을 읽으며 숫자가 물건의 수를 세거나 서로를 구별할 때 쓰인다는 점을 떠올리게 해 주세요.

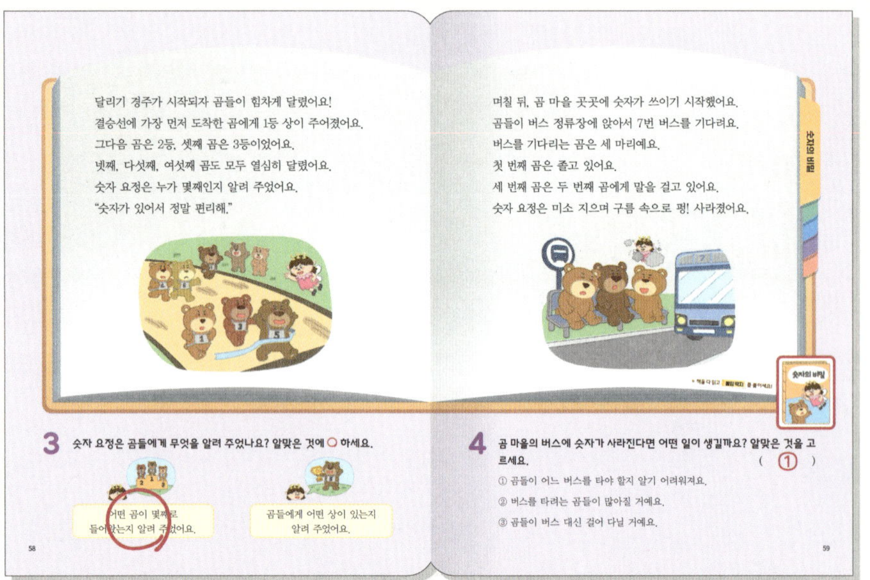

58~59쪽

세 번째 장면에서는 달리기 경주의 결과를 통해 숫자가 누가 몇째인지 알려 줄 수 있다는 것을 보여 줍니다. 네 번째 장면에서는 버스 번호처럼 숫자가 우리 생활 곳곳에서 쓰이는 모습을 확인할 수 있습니다.

이 글을 읽을 때 우리 주변에서 숫자가 어떻게 쓰이는지 떠올린다면, 숫자의 편리함을 더 잘 이해할 수 있습니다.

60~61쪽

첫 번째 장면에서는 연필과 물감이 함께 소녀의 얼굴을 그리기로 하고, 연필은 선을 그리고 물감은 색을 칠합니다. 두 번째 장면에서는 연필의 선이 삐뚤어지고 물감이 번지면서 그림이 엉망이 되자 둘은 다른 친구들의 도움을 받기로 합니다.

글을 읽으며 연필과 물감이 어떤 문제를 겪었는지 생각하게 해 주세요.

📖 62~63쪽

세 번째 장면에서는 지우개가 삐뚤어진 선을 지우고 붓이 색을 깨끗하게 칠해 줍니다. 네 번째 장면에서는 모두 함께 멋진 그림을 완성하고, 사람들이 그 그림을 보며 감탄합니다.
이야기의 흐름을 떠올리며 서로 도우면 더 좋은 결과를 만들 수 있다는 점을 자연스럽게 이해할 수 있게 해 주세요.

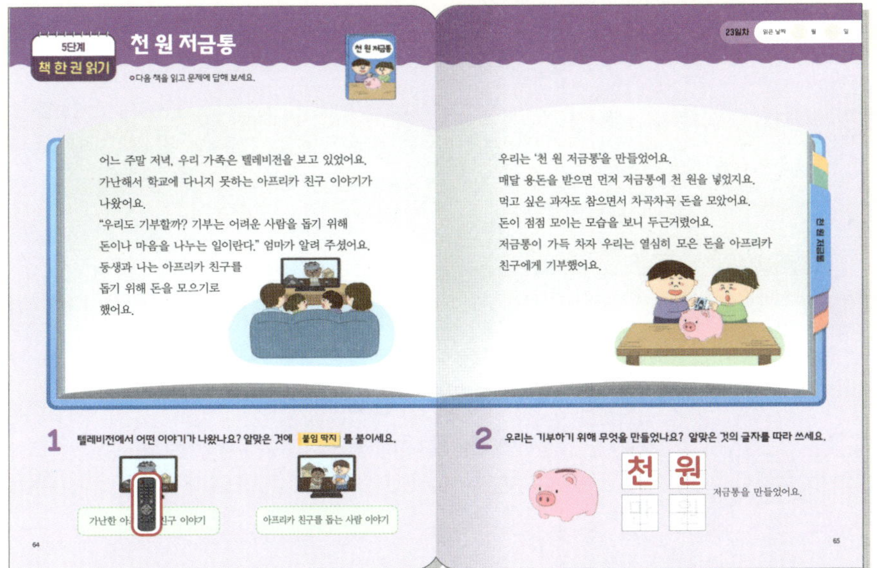

23일차

📖 64~65쪽

첫 번째 장면에서는 우리 가족이 텔레비전에서 가난해서 학교에 다니지 못하는 아프리카 친구를 보고, 기부를 위해 돈을 모으기로 합니다.
두 번째 장면에서는 동생과 함께 '천 원 저금통'을 만들어 차곡차곡 돈을 모으는 모습을 확인할 수 있습니다.
글을 읽을 때에는 나와 동생이 왜 돈을 모으기로 했는지 떠올리며 읽어 보게 해 주세요.

📖 66~67쪽

세 번째 장면에서는 아프리카 친구가 편지를 보내 학교에 다니게 되었고, 자라서 선생님이 되고 싶다는 소식을 전합니다. 네 번째 장면에서는 기부를 한 뒤 남은 용돈으로 동생과 과자를 사며 모은 돈으로 다른 사람을 돕는 일과 나를 위해 쓰는 일 모두가 소중하다는 것을 깨닫게 됩니다.
글을 읽으며 우리가 모은 돈으로 다른 사람에게 어떤 도움을 줄 수 있는지 생각하게 해 주세요.

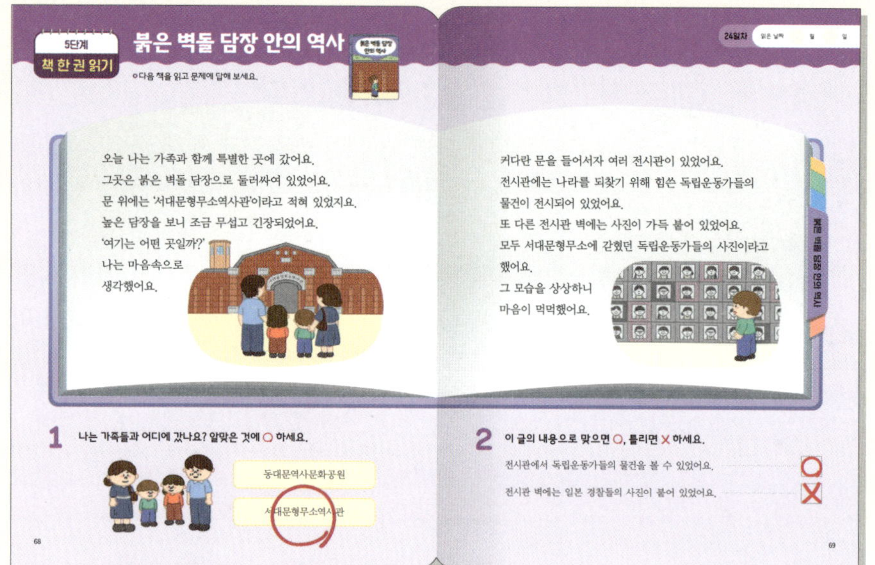

📖 68~69쪽

첫 번째 장면에서는 내가 가족과 함께 붉은 벽돌 담장으로 둘러싸인 서대문형무소역사관에 도착한 모습을 보여 줍니다. 두 번째 장면에서는 전시관에서 나라를 되찾기 위해 힘쓴 독립운동가들의 물건과 사진을 보며 먹먹한 마음이 드는 모습을 보여 줍니다.

글을 읽을 때 이곳이 어떤 곳인지 생각하며 독립운동가들이 어떤 마음으로 맞섰을지 떠올리게 해 주세요.

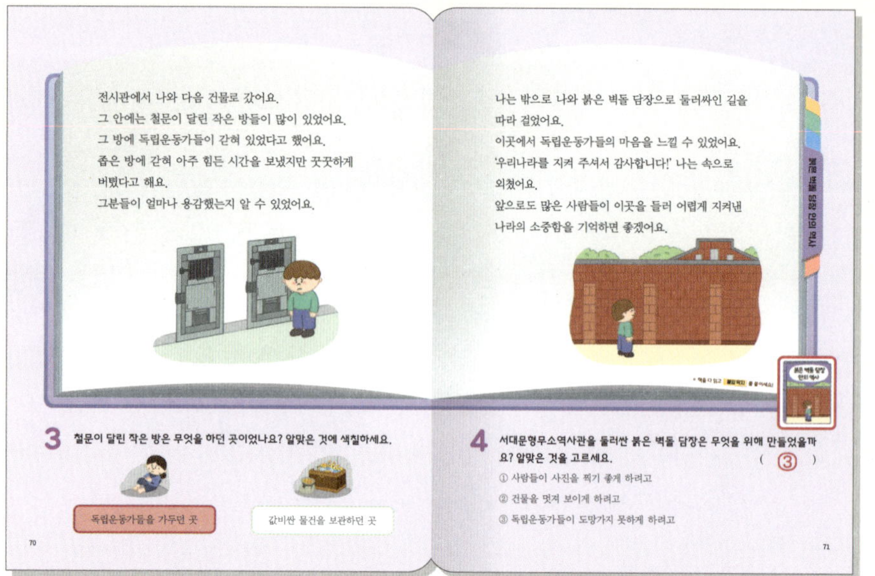

📖 70~71쪽

세 번째 장면에서는 철문이 달린 작은 방들을 보며 독립운동가들이 그곳에 갇혀 힘든 시간을 견뎌 냈다는 사실을 알게 됩니다. 네 번째 장면에서는 붉은 벽돌 담장으로 둘러싸인 길을 걸으며 독립운동가들의 마음을 느끼고 감사한 마음을 갖게 됩니다.

글을 읽으며 독립운동가들이 나라를 위해 어떤 희생을 했는지 생각하고, 우리가 기억해야 할 역사에 대해 함께 이야기해 보세요.

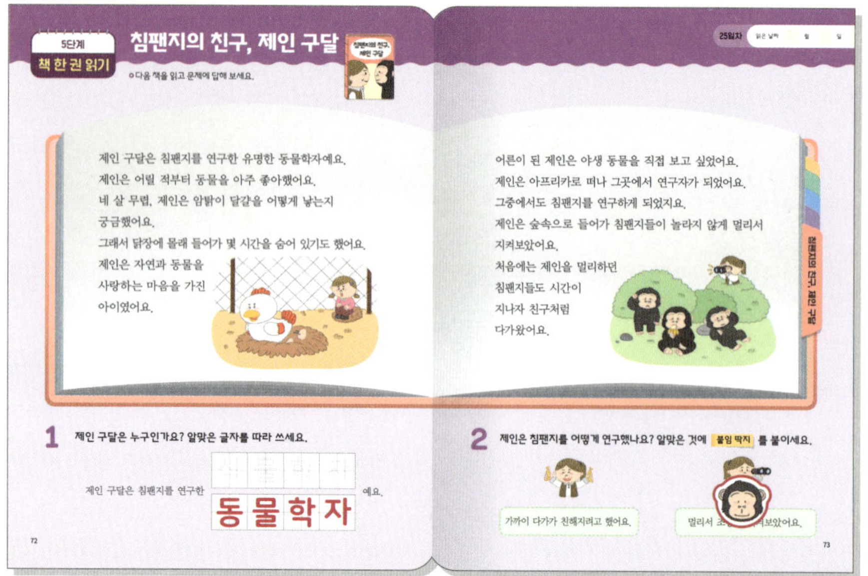

📖 72~73쪽

첫 번째 장면에서는 어릴 때부터 동물을 좋아했던 제인 구달의 모습을 보여 줍니다. 자연과 동물에 대한 제인의 호기심과 사랑을 알 수 있습니다. 두 번째 장면에서는 어른이 된 제인이 아프리카로 떠나 숲속에서 침팬지를 조용히 관찰하며 연구를 시작하는 모습을 보여 줍니다.

글을 읽을 때에는 제인이 왜 침팬지를 놀라게 하지 않으려고 멀리서 지켜보았는지 생각하게 해 주세요.

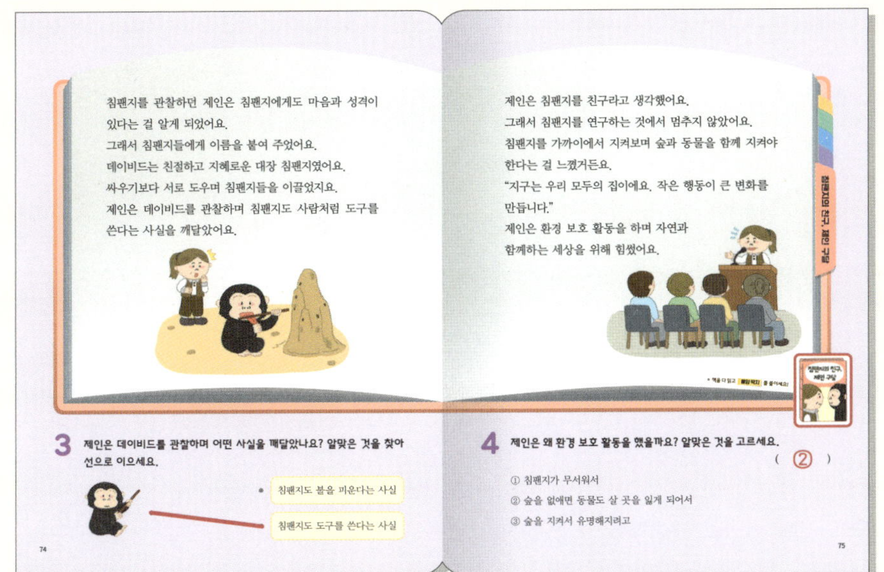

📖 74~75쪽

세 번째 장면에서는 제인이 침팬지를 관찰하며 침팬지에게도 마음과 성격이 있고, 사람처럼 도구를 사용한다는 사실을 알게 되는 모습을 보여 줍니다. 네 번째 장면에서는 제인이 침팬지를 친구처럼 생각하며 숲과 동물을 함께 지키기 위한 환경 보호 활동을 하는 모습을 보여 줍니다.

글을 읽으며 제인이 왜 환경을 보호해야 한다고 느끼게 되었는지 생각하게 해 주세요.

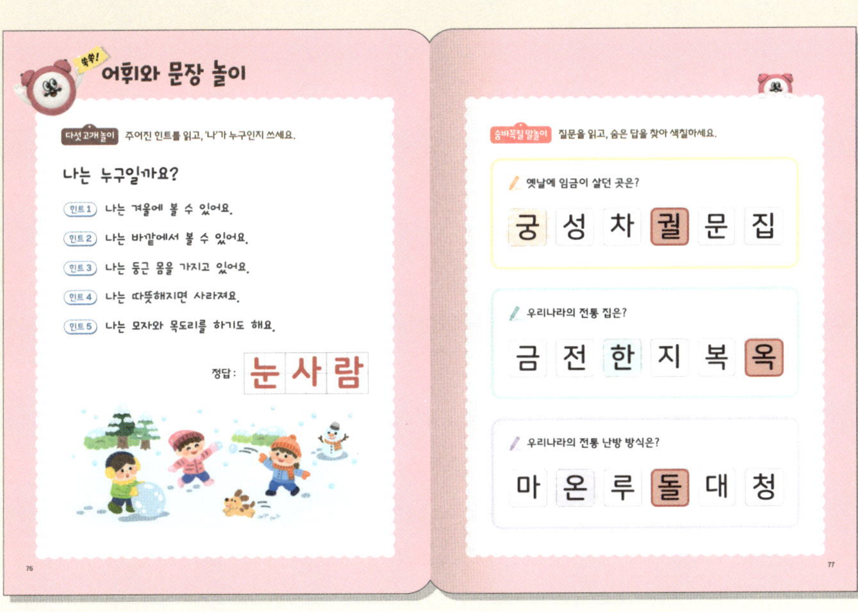

쑥쑥! 어휘와 문장 놀이 📖 76~77쪽

다섯 고개 놀이에서는 주어진 힌트를 읽으며 '나'가 무엇을 가리키는지 생각하게 해 주세요. 힌트의 의미를 하나씩 떠올리며 답을 찾을 수 있게 합니다.

숨바꼭질 말놀이에서는 질문을 읽고 글자 속에 숨은 답을 찾아 색칠할 수 있게 해 주세요. 숨은 말을 찾으며 어휘를 익히고 낱말의 뜻도 자연스럽게 이해할 수 있습니다.

척척 읽기 상

위 어린이는 1일 1독해 7세 첫 독해

❷ 호기심 글을 끝까지 해내는

멋진 모습을 보여 주었습니다.

이에 성실하게 학습을 마친

자랑스러운 ______________ 에게

이 상장을 주어 칭찬합니다.

년   월   일

 11쪽

 15쪽

 16쪽

① ② ③

16쪽 콕콕 확인!

화산에서 　연기가

피어올라요.

21쪽

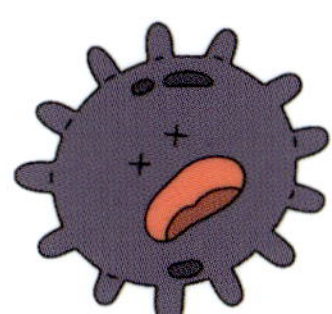

 25쪽

28쪽

 ① ② ③

 28쪽 콕콕 확인!

해녀는 　숨을 꾹 참고

전복을 따요.

37쪽

 39쪽

40쪽

 ① ② ③

40쪽 콕콕 확인!

초콜릿을 하나씩 담아요.

예쁜 봉투에 넣어 선물해요.

49쪽

51쪽

52쪽

 ① ② ③

59쪽

61쪽

63쪽

52쪽 콕콕 확인!

숨을 다 내뱉으면

다시 물 밖에서 숨을 들이쉬어요.

64쪽

67쪽

71쪽

73쪽

75쪽

알맞은 위치에
붙임 딱지를 붙여 봐!